Landschaftsverband Rheinland /
Deutsche St. Jakobus-Gesellschaft (Hrsg.)

Jakobswege

Wege der Jakobspilger im Rheinland

Band 1

Katholische öffentliche
Aussortiert!
St. Walburga
Bornheim-Walberberg

W0343867

Landschaftsverband Rheinland /
Deutsche St. Jakobus-Gesellschaft (Hrsg.)

Jakobswege

Wege der Jakobspilger im Rheinland

in 8 Etappen von Wuppertal-Beyenburg
durch Köln nach Aachen/Belgien

Band 1

Pilgerweg

Karlheinz Flinspach
Annette Heusch-Altenstein

Mit Beiträgen von
Robert Plötz und
Prälat Franz Schneider

Unter Mitarbeit von
Wilfried Maria Koch und
Falke Wendebourg

J.P. Bachem Verlag

Titelseite vorne: oben: Jakobusaltar in Köln-Widdersdorf
unten: Hohlweg in Wuppertal-Beyenburg
südwestlich Hofgut Steinhaus

Titelseite hinten: Pilger am Evermarus-Tag in Rutten bei Tongern/Belgien

Die Deutsche Bibliothek – CIP-Einheitsaufnahme

Wege der Jakobspilger / Landschaftsverband Rheinland
Deutsche St. Jakobus-Gesellschaft (Hrsg.).
Bd.1 In 8 Etappen von Wuppertal-Beyenburg durch Köln nach Aachen/Belgien
2. überarbeitete Aufl. – Köln: Bachem, 2002
ISBN 3-7616-1465-9

2. überarbeitete Auflage 2002
©J. P. Bachem Verlag, Köln 2002
Umschlag- und Innengestaltung: Barbara Meisner, Düsseldorf
Reproduktionen: Reprowerkstatt Wargalla GmbH, Köln
Druck: Druckerei J. P. Bachem GmbH & Co. KG, Köln
Printed in Germany
ISBN 3-7616-1465-9

INHALT

Vorwort

Santiago de Compostela, nach der Überlieferung der Ort der Entdeckung der sterblichen Überreste Jakobus d. Ä., zählt seit dem 10. Jh. neben Jerusalem und Rom zu den drei großen Pilgerzielen der christlichen Welt.

So zieht es seit Jahrhunderten Pilger aus ganz Europa und mittlerweile aus der ganzen Welt nach Spanien zu seinem Grab. 1987 veröffentlichte der Europarat in Santiago de Compostela eine Deklaration, die den Jakobswegen höchste Bedeutung für die Entstehung Europas beimisst. Der Europarat ruft deshalb Behörden, Institutionen, Bürgerinnen und Bürger auf, die Jakobswege zu erforschen, zu sichern, zu pflegen und zu kennzeichnen.

Dieses Netz von Verbindungswegen soll wieder dem Transfer von Ideen, von Kunst und Kultur zwischen den Regionen und Nationen dienen. Als europäische Kulturstraßen sollen sie dazu beitragen, Entfernungen, Grenzen und Sprachbarrieren zu überwinden. 1999 beschloss der Kulturausschuss des Landschaftsverbandes Rheinland in Zusammenarbeit mit der Deutschen St. Jakobus-Gesellschaft, das Wegenetz der Jakobspilger im Rheinland im Sinne der Deklaration des Europarates so zu kennzeichnen, wie es im europäischen Ausland schon seit geraumer Zeit geschieht, und in Form eines Wanderführers für eine interessierte Öffentlichkeit zugänglich zu machen. Gemeinsam mit den Städten und Kreisen am Weg erfolgte die Aufstellung von Stelen an besonderen Stationen des Weges mit erläuternden Texten zu seiner Geschichte.

In diesem ersten Band wird der von Westfalen kommende Pilgerweg aufgenommen, der von Wuppertal über Köln nach Aachen verläuft und Anschluss an die Wegeroute in Belgien findet. Er ist eine Teilstrecke des großen europäischen Pilgerweges, der alle dazu einlädt, nach Santiago aufzubrechen, ob in Gemeinschaft oder allein, ob aus religiösen Gründen, aus Neugierde oder einfach aus Lust, etwas Neues kennenzulernen.

Winfried Schittges MdI
Vorsitzender der Landschaftsversammlung Rheinland

Udo Molsberger
Direktor des Landschaftsverbandes Rheinland

Dr. Robert Plötz
Präsident der Deutschen St. Jakobus-Gesellschaft

When in April the sweet showers fall
And pierce the drought of March to the root, and all
The veins are bathed in liquor of such power
As brings about the engendering of the flower,
When also Zephyrus with his sweet breath
Exhales an air in every grove and heath
Upon the tender shoots, and the young sun
His half-course in the sign of the Ram has run,
And the small fowl are making melody
That sleep away the night with open eye
(So nature picks them and their heart engages)
Then people long to go on pilgrimages
And palmers long to seek the stranger strands
Of far-off saints, hallowed in sundry lands.

Wenn milder Regen, den April uns schenkt,
Des Märzes Dürre bis zur Wurzel tränkt
Und badet jede Ader in dem Saft,
So daß die Blume sprießt durch solche Kraft;
wenn Zephyr selbst mit seinem milden Hauch
In Wald und Feld die zarten Triebe auch
Erweckt hat und die Sonne jung durchrann
Des Widders zweite Sternbildhälfte dann,
Wenn kleine Vögel Melodien singen,
Mit offnen Augen ihre Nacht verbringen
(So stachelt die Natur sie in der Brust)
Dann treibt die Menschen stark die Wallfahrtslust,
Und Pilger ziehn zu manchem fremden Strand,
Zu Heiligen, berühmt in fernem Land.

Geoffry Chaucer: The Canterbury Tales, 1387

Übersicht der europäischen Pilgerwege nach Santiago de Compostela

Was sind Wege?

Sie sind die Handschrift – oder besser: die Fußschrift – des Menschen in der Landschaft. Sie umgehen Hindernisse und sind trotzdem immer korrekt und zielorientiert. Sie sind in der Regel die kürzeste Verbindung zwischen zwei Orten. Straßenläufig oder sternförmig führen sie hinaus, zunächst einmal zu den Nachbarorten. Sie führen über Felder und Wiesen, durchkreuzen Wälder und überwinden in sanften Windungen Höhen und Täler. Nur durch Flüsse, Moore und größere Gebirge werden sie gebremst. Ein Feldkreuz für ein Gebet und ein paar schattengebende Bäume für eine Rast bieten spirituellen und irdischen Schutz für die Wanderer aller Kategorien. Zumindest war es einmal so. Wege waren die Verbindung zur Welt, lange bevor Straßen, Telefon, Radio, Fernsehen und Internet diese herstellten. Wer die Welt erfahren wollte, musste sich den Wegen anvertrauen. Unterwegs sein war mühevoll, zeitaufwendig und gefahrvoll, aber es entsprach auch der Gewohnheit. Die Welt von damals war in einem Maße mobil, wie wir es uns heute nur schwer vorstellen können. Der Weg und die Straße waren Treffpunkte einer Gesellschaft unterwegs. Zu den häufigen Wegbenutzern zählten seit dem Hochmittelalter auch die Pilger, die eine Kultstätte, einen sogenannten Heiligen Ort, aufsuchten.

Das Ziel

Seit dem 11. Jh. war das Apostelgrab in Compostela im fernen Westen Europas eines der am häufigsten aufgesuchten Pilger- und Reiseziele des „orbis christianus". Schon in der ersten großen Blütezeit der Pigerfahrt „zum Hl. Jakobus" im 12./13. Jh. begaben sich Pilger aus allen sozialen Schichten auf den „harten Weg", wie ihn der italienische Humanist und Dichter Francesco Petrarca nennt, um an dem mutmaßlichen Grab des Apostels Jakobus des Älteren Vergebung ihrer Sünden, Heilung ihrer Krankheiten und Erhörung ihrer Anliegen zu erlangen. Heilige, hohe Kleriker, Könige und Fürsten, Bauern, Krieger, Mönche, Arme, Bettler und Kriminelle bedienten sich der Infrastruktur des europäischen Wegesystems, um den in Mode gekommenen „Fixpunkt" zwischen Diesseits und Jenseits aufzusuchen.

Europa und Santiago

Zwar ist die europäische Bedeutung der Pilgerfahrten seit der Jahrtausendwende bekannt, und der Pilgerweg findet seine erste Erwäh-

Aussendung der Apostel (Detail), Tafelgemälde (1510), St. Aposteln, Köln

nung im 11. Jh. (1047) in einer Stiftungsinschrift eines Pilgerhospitals am alten Pilgerweg in Arconada in Kastilien, zwar wurden die im Pilgerführer des Jakobusbuches („Liber Santi Jacobi") von etwa 1150 überlieferten Wegstrecken von Tours, Vézelay, Le Puy und Arles auch als „Jakobuswege" bezeichnet, aber diese einseitige Nutzungsfestlegung des Straßensystems von Westeuropa nach Santiago de Compostela dürfte mehr der Werbung für den Kultort gedient als den tatsächlichen Verhältnissen entsprochen haben. Es bleibt die Frage, welche Wege die Pilger benutzten, wenn sie sich nördlich und östlich von Frankreich auf den Weg machten.

Das Straßensystem des Alten Römischen Reiches Deutscher Nation zeigt z. B. ein verwirrendes Netz der Verkehrswege, und dem Reisenden und Pilger schien eine unendliche Fülle von Verkehrswegen zur Verfügung zu stehen. In Wirklichkeit bestand jedoch nur eine begrenzte Wahlmöglichkeit, die sich nicht nur aus dem guten oder schlechten Zustand einer Straße oder aus den geographischen Verhältnissen wie Bergen, Tälern, Sümpfen, dichten und gefährlichen Wäldern oder schwierigen Flussübergängen ergab, sondern auch aus der politisch bestimmten Zersplitterung des Reiches in so viele Territorien, Erzbistümer, Bistümer und Abteien, Kurfürstentümer, Fürstentümer, Grafschaften und freie Reichsstädte. Jedes dieser Territorien hatte seine eigene Finanz- und Wirtschaftspolitik, die das Verkehrsaufkommen auch unter dem Gesichtspunkt des wirtschaftlichen Nutzen sahen. Zölle, Mautgebühren, kostenpflichtiger Geleitschutz und Umrechnungsgebühren lenkten auch den Pilgerstrom und zwangen ihn in bestimmte, erschwingliche und machbare Bahnen bzw. Wege. Es war aber auch nicht ausschließlich der wirtschaftliche Gesichtspunkt, der für die Pilgerpraxis auf den Wegen entscheidend war, sondern ebenso oft die politische

Jakobspilgermuschel an der Taufkapelle des Aachener Doms

Pfarrstempel im Pass eines Jakobuspilgers

Großwetterlage, die eine Benutzung wichtiger Verbindungslinien unmöglich machte. Der Kreuzzug gegen die Albigenser (Katharer) zu Beginn des 13. Jh. behinderte in gleichem Maß den Pilgerverkehr im französischen Pyrenäenraum wie später die Hugenottenherrschaft in eben diesem Raum und darüber hinaus. Wichtig und erwähnenswert in diesem Zusammenhang ist auch noch der Kulturtransfer, der entlang des alten europäischen Straßennetzes stattfinden konnte.

Kunstmoden, Architekturinnovationen und kulturelle Neuerungen wurden schnell durch Europa bewegt und fanden in zahlreichen, aufgrund des gemeinsamen christlichen Hintergrundes voneinander abhängigen und in ganz Europa auftretenden künstlerischen Äußerungen ihren Ausdruck.

Wege der deutschen Jakobuspilger

Alle Wege in Deutschland führen bekanntlich nach Rom – aber ebenso zum Apostelgrab nach Santiago de Compostela. Bruderschaften, Patrozinien, künstlerische Darstellungen und Pilgerherbergen, die dem Hl. Jakobus gewidmet sind, lassen aber nicht auf eine einheitliche und nur für Pilger geschaffene Wegestruktur schließen, sondern reflektieren die verschiedenartigen Ausstrahlungen eines Heiligenkultes. Die deutschen Pilger benutzten die gleichen Wege und die gleichen Versorgungsstrukturen wie alle Reisenden oder Reisegruppen unterwegs. Heeres- und Geleitstraßen, Handelswege sowie Fluss- und Bergübergänge, die gleich Nadelöhren den Verkehr einengten und kanalisierten, boten mit ihrer Infrastruktur die Voraussetzungen für einen größtenteils gesicherten Ablauf einer Reise oder einer Pilgerfahrt. Auf dem Gebiet des alten Römisch-Deutschen Reiches gab es in der Gesamtschau drei verschiedene Sammelpunkte für die Pilger nach Santiago de Compostela. Einmal im Norden die großen Hansestädte an den Küsten der Ostsee (Lübeck, Stralsund, Danzig, Riga und Reval), wohin vielfach sogar die Pilger aus dem Osten und Skandinavien kamen, dann an der Nordsee (besonders Hamburg und Bremen) oder auch in den Flusshäfen des Niederrheins (wie in Köln, Neuss und Duisburg). Von dort aus wurden besonders in den Heiligen Jahren größere Transporte zu Schiff zusammengestellt, die oft direkt nach Spanien segelten, wobei neben Vivero und Muros der Hafen von La Coruña die herausragende Rolle spielte.
Der zweite Treffpunkt war Aachen, wo Künig von Vach seine „Niederstraße" beginnen lässt, die über Paris zum Martinsgrab nach Tours und über weitere Städte mit bedeutenden Heiligengräbern führte, um über die Pyrenäen den Anschluss an das spanische Wegenetz zu finden. Die dritte Sammelstelle war Maria Einsiedeln in der Schweiz, wo der Weg nach Santiago vom Romweg abzweigt. Der Jakobuskult und die mit ihm verbundene Pilgerbewegung haben in ihrer Blütezeit in Deutschland ganze Städtebilder entlang der verschiedenen Fernhandelswege geprägt (z.B. Aachen. Augsburg, Köln, Leipzig und Naumburg). Je entfernter die Wege vom Apostelgrab in Galizien waren, desto vielfältiger

Titelblatt des Pilgerführers des Künig von Vach (undat. Nürnbg. Ausg.)

und verästelter waren die Routen, die die Pilger benutzten. In Deutschland selbst waren es die erschwinglichen und benutzbaren historischen Überlandwege und -straßen, auf denen die Pilger auch aus Skandinavien und Osteuropa von Polen bis Ungarn hauptsächlich reisten. Namen wie „via regia“, die sowohl über Görlitz, Dresden und Hof nach Nürnberg führte, wo der Pilger seinen Weg zum Bodensee, zur „Oberstraße“ des Künig von Vach nehmen konnte, als auch über Bautzen, Erfurt und Fulda nach Köln abzweigte, wo der alte Königsweg nach Aachen weiterführte; Namen wie Hell- und Heerweg oder Eselsweg geben eine Vorstellung von dem Verlauf der Altstraßen, die heute teils verschwunden oder teils asphaltiert sind. Vom Norden her führten sowohl für den Pilger nach Rom als auch für den Santiagogänger geschützte und mit einer dichten Infrastruktur versehene Wege nach Süden und nach Westen über die zentralen Orte Hamburg, Bremen, Osnabrück, Münster, Köln, Aachen und Mainz, deren Verlauf in Reiseführern seit dem hohen Mittelalter immer wieder beschrieben wird.

Jakobuskult im Rheinland

Aufgrund seiner verkehrsmäßig günstigen Lage hat das Rheinland schon sehr früh am Pilger- und Kultgeschehen um den Hl. Jakobus teilgenommen. Aus dem Jahr 1076 kommt die Nachricht, dass ein Blinder namens Folbert, der sich auf dem Weg nach Compostela befand und in Trier aufhielt, aufgrund einer Vision zum Auffinden der Reliquien der Märtyrer von Trier in der Kirche des Hl. Paulinus beitrug. Aus dem

Arnold von Harff vor Jakobus knieend (16. Jh.), Stadtarchiv Köln

12. Jh. stammt der Bericht einer rheinischen Pilgerin über ihre Beschwernisse auf dem Weg nach Compostela, die in den Anno-Mirakeln belegt sind. Und die Taten Karls des Großen auf der spanischen Halbinsel finden sich im Pseudo-Turpin des „Jakobus-Buches“ (Liber Sancti Jacobi) wieder; sie sind schon im 12. Jh. in Aachen bekannt und werden visionär in verschiedenen Reliefen in den Dachschrägen seines Sarkophags in Bild und Text dargestellt. Der Zisterzienser Caesarius von Heisterbach (Königswinter) bezieht sich in den Büchern seines „Dialogus magnus visionum atque miraculorum“ (1219-1223) verschiedentlich auf Mirakel, die sich in Zusammenhang mit Jakobus-Pilgern ereignet haben, u.a. auch auf das Galgen- und Hühnermirakel, das im Rheinland in mehreren Kirchen dargestellt wird, z. B. in Gielsdorf bei Bonn und in Kempen.

Der niederrheinische Adelige Arnold von Harff befand sich schon im Alter von 25 Jahren am Apostelgrab in Compostela. Der Bericht über seine umfangreichen Pilgerreisen (1496-1498) gehörte zu den am meisten gelesenen handgeschriebenen Büchern in rheinischen Adelskreisen.

Rheinische Kunstwerke von Weltrang beschäftigen sich mit Jakobus. Als Apostel erscheint er z. B. sitzend auf dem Gladbacher Tragealter, einem Werk der kölnischen Goldschmiedekunst aus der sogenannten Eilbertusgruppe um 1160, oder stehend als Steinfigur aus der Zeit um 1380, die ihren Standort im Petrusportal des Kölner Doms (Westseite des Südturms) hatte und sich heute im Diözesanmuseum befindet. Im Stundenbuch der Sophie von Bylandt wird die rheinische Adelige selbst zusammen mit dem Hl. Jakobus auf folio 188 prachtvoll abgebildet. Die wertvolle Handschrift wurde von dem Kölner Meister des Bartholomäusaltares um 1500 gestaltet. Herbergen und Hospitale für die Pilger waren in jeder Stadt vorhanden, wobei das Hospital zum Ipperwald in Köln, das 1349

Jakobus am Petersportal (Replik), Kölner Dom

als Pilgerherberge gegründet wurde, eine der größten Institutionen ihrer Art im Deutschen Reich war. Heute noch führen die Trierer Hospizien (1234 erstmals als Pilgerherberge erwähnt) den pilgernden Jakobus als Markenzeichen.

Viele Wege für die Jakobuspilger führten zwangsläufig durch das Rheinland. Der Fernweg von Dortmund nach Köln führte z.B. über Breckerfeld, das eigene Jakobustraditonen aufweist, nach Lennep, wo der Weg die Pilger (auch heute noch) durch das Schwelmer Tor in die Pilgergasse zur Jakobuskirche führte.

Jakobus mit Stifterin, aus dem Stundenbuch der Rheinischen Adeligen Sophie von Bylant, Wallraf-Richartz-Museum, Köln

Aber auch der Rhein selbst diente als Pilgerweg. Im Jahr 1514 trat Berhard Pfoll von Esslingen, Stiftsherr von St. Florian zu Koblenz, eine Pilgerfahrt ins Heilige Land an. Er reiste wahrscheinlich flussabwärts und schiffte sich in Antwerpen ein. Unterwegs machte er Halt in Santiago. So vermied er die Reise durch Frankreich, die sich auf Grund der Auseinandersetzungen zwischen Ludwig XII. und den Habsburgern vor allem um deren italienische Ansprüche hätte schwierig gestalten können.

Ausblick

Seit Anfang der neunziger Jahre werden überall in Deutschland neue Wege für die Jakobspilger ausgezeichnet, teils auf historischen Überlandwegen, teils auf Naturpfaden und Wanderwegen, wie z.B. der Frankenweg (von Nürnberg nach Heilsbronn), der Schwabenweg (von Ulm bis Konstanz), der Sauerlandweg, der Weg von Nürnberg nach Prag und als letztes Wegstück der Weg von Nürnberg nach Ulm, so dass von der tschechischen Grenze bis in die Schweiz ein altes Wegesystem wieder belebt wird.
Ähnliches ist jetzt im Rheinland geschehen. Das Projekt der „neuen" Pilgertrasse von Wuppertal-Beyenburg über Köln nach Aachen ist vom Landschaftsverband Rheinland unter Beratung der Deutschen St. Jakobus-Gesellschaft und der wallonischen Jakobusvereinigung in die Wege geleitet worden.
In vielen Gemeinden stehen schon die richtungsweisenden und informativen Stelen. Die ersten Pilger waren schon unterwegs. Eine Fortsetzung weiterer Wege der Jakobspilger ist geplant. Freuen wir uns darauf wie über das jetzt vorgelegte Buch.

Grundstein (tw.) des Pfarrheims von St. Jakob, Aachen

„Homo Viator – Der Mensch ist ein Pilger“

In der Überlieferung des christlichen Abendlandes wird das Wesen des Menschen mit der Existenz eines Pilgers umschrieben. So steht es auf alten Grabsteinen: „Homo viator“. Der Lebensweg ist letztendlich ein Weg zu Gott.

Die historisch greifbare Heilsgeschichte beginnt mit der Berufung des Urpilgers Abraham: „Zieh‘ aus deiner Heimat fort in ein Land, das ICH dir zeigen werde!“ So lautet Gottes Wegweisung an den Vater der Glaubenden. Das Herausholen des Menschen aus seinem selbstangelegten Nest, das auf Dauer doch keinen Bestand hat und nur vorübergehend Geborgenheit gibt, ist der Weg des Lebens, den Gott mit uns gehen will. Er holt Abraham heraus aus der sicheren und geordneten Stadt Ur in Chaldäa. Er holt sein Volk Israel heraus aus der Gefangenschaft, weg von den Fleischtöpfen Ägyptens. Er führt es 40 Jahre lang durch die Wüste, um diesem Volk zu zeigen, dass ER Ursprung und Ziel des Lebens ist, dass ER der Jahwe, der „immer Daseiende“ bei seinem Volk ist, und dass ER der Weg, die Wahrheit und das Leben für jeden Menschen sein will. Um diese Gotteserfahrung geht es bei jeder Wallfahrt, mag sie ein nahes oder fernes Ziel haben, mag sie zu biblischen Stätten führen oder zu Heiliggräbern, wo Menschen Gottes Dasein wunderbar erfahren haben.

Pilger auf der Grabplatte des Weihbischofs Hünermann, Aachener Dom

„Ich muss mal raus hier!“, lautet der Aufschrei in unserer Gesellschaft millionenfach. Wir sind Gefangene unserer selbst gegebenen Gesetzmäßigkeiten. Wir hasten und rasen, um alle Anforderungen zu erfüllen. Wir stecken uns Ziele, die kaum zu erreichen sind. Der Wechsel zwischen Wohnung und Arbeitsstelle, zwischen Freizeitaktivität und gesellschaftlichem Zwang bis hin zum Urlaub ereignet sich in der möglichst schnellsten Weise des Autos,

Elias, Wandgemälde von Peter Hecker (1913/14), Arnolduskapelle, Düren-Arnoldsweiler

der Bahn oder des Flugzeugs. Sitzend eingezwängt verändern wir unseren Standpunkt, um möglichst viel zu erleben, zu sehen, oder zu erreichen. Es ist ein Jagen nach dem Glück, was immer auch der Mensch sich darunter vorstellt. Aber „Der Mensch braucht Erde unter den Füßen, sonst verdorrt ihm das Herz", sagt Gertrud von le Fort in unsere Zeit hinein und bringt uns auf das menschliche Maß unserer Bewegung zurück, dem auch die Sinne folgen können. Der Fuß trägt den Pilger auf seiner Wallfahrt im gleichmäßigen Schritt, der mit dem Atmen und dem Herzschlag in Einklang steht. Der Pilger darf nicht hasten, sonst kommt seine Seele nicht zur Ruhe, und nur in der Ruhe „hören" wir Gottes Stimme.

Darum lässt der Pilger alles Getriebe hinter sich und geht von Hause fort. Er verlässt alles Geregelte, was zur Last geworden, und liefert sich Gott auf seinem Pilgerweg aus, oft nicht wissend, wo er abends ruht. Die Erfahrung, wie wenig man zu einem glücklichen Tag braucht, wird von Tag zu Tag größer und die „Schätze der Welt", an denen sonst unser Herz hängt, verblassen mehr und mehr. Es hätte nie vergessen werden dürfen, was schon in der Moseszeit verkündet wurde: „Mir (Jahwe) gehört das Land; ihr seid nur Fremdlinge bei mir." Die Pilger gehen über Land, das ihnen nicht gehört, aber „der Herr selbst ist ihr Erbteil" (Dt. 10,9 u. Num. 18,20). Alles tauscht der Pilger für dieses Erbteil ein. Verstehen wir das kleine Gleichnis von dem Mann, der kostbare Perlen suchte, wie

Jakobuspilger (Vielhauer), ev. Jakobuskirche, Brühl-Badorf

Jesus erzählt? „Und als er eine besonders schöne Perle fand, verkaufte er alles, was er besaß, und kaufte die Perle." Dieses Gleichnis finden wir bei den „Himmelreichgleichnissen (Mt. 13,45). Perlen wachsen in Muscheln, besonders schöne in den Jakobsmuscheln. Wenn nun der Pilger als Zeichen seiner Pilgerschaft eine leere Jakobsmuschel trägt, will er damit sagen: „Ich bin auf der Suche nach Gott. Ich suche die Erfüllung meines Lebens." und unsichtbar füllt sich die leere Muschel mit dem Glück des Pilgers, was zu begreifen nur der fähig ist, der einen Pilgerweg geht.

Mögen die Anstöße zu einem Pilgerweg sehr verschieden sein, mag vielleicht zunächst gar keine religiöse Absicht uns bewogen haben aufzubrechen, der Wanderweg wird zum Pilgerweg, wenn wir unsere Sinne öffnen und im ruhigen Voranschreiten alles in uns aufnehmen, an dem wir vorüberziehen. Was unsere Seele dabei beeindruckt, wird zum Zwiegespräch des Pilgers mit seiner Pilgergruppe oder des Einzelpilgers mit seinem Gott, woraus sich in der Gemeinschaft ebenso wie beim Einzelnen das Lob- und Dank- und Bittgebet ergibt. Zeichen am Wege, Kreuze, Bildstöcke, Kapellen und Kirchen lassen uns wissen, dass unzählbare Menschen unseren Weg in naher oder ferner Vergangenheit uns schon vorausgegangen sind. Dazu gehört auch der Pilgerweg, der in diesem Buch beschrieben wird. Er ist die Teilstrecke eines großen europäischen Pilgerweges, der durch unsere niederrheinische Heimat führt, von weither kommend zum fernen Ziel Santiago de Compostela führend. Aber diese Teilstrecke in unserer Heimat von Wuppertal-Beyenburg über Köln nach Aachen lädt uns ein, einmal ein Stück Pilgerweg zu wagen, – vielleicht sogar am besten allein. Denn dann wird „von ganz allein" Gott am ehesten zu unserem stillen Gesprächspartner, und wir lernen „von ganz allein" das Beten wieder, das in den Tagesläufen unserer Zeit oft erstickt wurde. Eine Pilgerschaft lässt die Seele wieder atmen. Vereinen wir uns mit dem Gebetsruf der niederrheinischen Jakobspilger aus alter Zeit, ins Hochdeutsche übersetzt: „Herr Santiago, guter Santiago, vorwärts gehen wir! Gott helfe uns !"

Ökumenisches Pilgern

Luther verurteilte in den Schmalkaldischen Artikeln die Wallfahrten gänzlich: „Warum vernachlässigt man denn den eigenen Pfarrer, Gottes Wort, Frau und Kind etc., die notwendig und geboten sind, und läuft ungewissen schädlichen teuflischen Irrwischen nach, nur weil der Teufel den Papst geritten, solches zu preisen, und bestätigen damit die Leute ja häufig von Christo abzufallen und abtrünnig zu werden, welches das Ärgste daran ist. Abgesehen davon, daß es unnötig, ungeboten, ungewiß und dazu schädlich Ding ist. Darum ist hier auch kein Weichen und Nachgeben.“ Seinerzeit vertraten viele Christen den Standpunkt, dass ein derartiges Allotria mehr von Christus weg als zu ihm hin führe.

Jakobspilger vor dem Kölner Dom

Bis heute gibt es bei den evangelischen Christen grundsätzliche Bedenken gegen Heiligen- und Reliquienverehrung und die damit verbundenen Wallfahrten, die in der Vergangenheit auch Ausdruck der Gegenreformation waren. Eine gewisse Angst besteht auch, im Zeichen der Ökumene von katholischer Seite vereinnahmt zu werden.

Zugleich wird der gemeinsame Weg aber auch als Chance gesehen, sich gegenseitig in der unterschiedlichen Form der Frömmigkeit kennen zu lernen und möglicherweise einander näher zu kommen, ohne die anderen imitieren zu müssen. In jedem Fall verlangt der gemeinsame Pilgerweg beiden Seiten Risikobereitschaft ab. Anknüpfend an alte Traditionen eröffnen sich den Teilnemern dabei auch oft neue Perspektiven. Wenn am Ende eines gemeinsam gegangenen Weges sich die Pilger – wie die einer von Trier nach Köln heimkehrenden gemischten Gruppe – freuen, „von heiliger Einfalt zu ökumenischer Vielfalt“ vorgedrungen zu sein, dann ist man auf dem gemeinsamen Weg sicher ein Stück einander und auch dem religiösen Ziel näher gekommen.

(nach Evangelisches Missionswerk in Deutschland: Unterwegs zum Leben – Ökumenische Pilgerwege in Europa, Hamburg 1999)

Hl. Gerlach als Pilger, Houthem/NL

Naturräumliche und kulturlandschaftliche Begleitung des Weges

Die ca. 160 km lange Wegestrecke von Wuppertal-Beyenburg über Köln nach Aachen durchläuft drei verschiedene Landschaftsräume mit naturräumlich wie kulturlandschaftlich sehr unterschiedlichen Eigenschaften: von Osten nach Westen das Bergische Land als Teil des Bergisch-Sauerländischen Gebirges, die Kölner Bucht und das Vennvorland.

Innerhalb des Bergischen Landes liegt Wuppertal-Beyenburg, der Ausgangsort der Pilgerroute, im Bereich der Bergischen Hochflächen, einer sanft hügeligen, großwellig bewegten Landschaft auf gefalteten unter- bis mitteldevonischen Gesteinen des zum Rhein hin abfallenden Schiefergebirges. Zahlreiche Flüsse haben auf dem Weg zum Rhein diese Mittelgebirgslandschaft in NO-SW ziehende Hochflächenriedel grob zerlegt, die ihrerseits von unzähligen kerbartig eingeschnittenen, meist wasserführenden Tälern fein untergliedert werden. Vielfach sind die Kuppen und Talhänge bewaldet, der Ackerbau ist auf die Bergrücken, die Grünlandwirtschaft auf die Talböden und steileren Hänge beschränkt. Mit einer Höhenlage von 250 bis 300 m hat das Gebiet um Wuppertal, Remscheid und Wermelskirchen infolge der von Westen kommenden aufsteigenden Winde mit 1100 bis 1200 mm/Jahr deutlich höhere Niederschläge gegenüber der Kölner Bucht (40 m und ca. 700 mm/Jahr).

Bergisches Ensemble: Kopflinden vor verschieferter Hausfassade

Landschaftsräume zwischen Wuppertal und Aachen

Der Weg von Wuppertal-Beyenburg führt vorbei an einzelnen Häusern und Hoflagen – sie repräsentieren mit ihren schwarz gestrichenen Balken, den weißen Lehmgefachen und Fensterrahmen sowie den grünen Fensterläden den typischen bergischen Stil – zu den bergischen Städten Remscheid-Lennep und Wermelskirchen.

Im Mittelalter entwickelte sich insbesondere der Raum um Solingen, Remscheid und Wuppertal zu dem dichtest besiedelten Industriegebiet in Mitteleuropa.

Die Grundlage für eine über jahrhundertelange, z.T. noch bis in die heutige Zeit andauernde Industrie bildeten drei Ressourcen: der Wasserreichtum, das ergiebige Holzvorkommen und das Erz. Es entwickelte sich eine Eisen produzierende und verarbeitende Industrie, die im 18. Jh. ihre erste Blütezeit, Ende des 19. Jh. ihren Höhepunkt erreichte. Täler wie das Eschbachtal, das Gelpetal und Lohbachtal waren dicht gedrängt mit Schmiedehämmern und Schleifkotten. Über Handelsstra-

Burg Strauweiler im 19. Jh. (Ölgemälde von de Leuw)

ßen, die über die Höhenrücken führten, auf deren Trassen heute z.B. die Bundesstraße 51 und die Landesstraße 411 (s. S. 40 und 46) verlaufen, brachten Kaufleute seit dem 15. Jh. die Erzeugnisse des bergischen Schmiedehandwerks in ferne Städte und ins europäische Ausland. Im ausgehenden 19. Jh. machten Steinkohle, Gas und Elektrizität die Fabrikstandorte von Holz und Wasserkraft weitgehend unabhängig, so dass wegen der günstigen Verkehrslage die Arbeitsstätten von den Tälern auf die Höhen verlegt wurden. Der gute Ruf Remscheids und Wermelskirchens als Zentren der deutschen Werkzeugindustrie gilt heute noch. Die Bezeichnung „made in Solingen" auf Schneidwaren wie Klingen, Messern, Sensen und Sicheln ist nach wie vor ein Qualitätssiegel.

Aus der einstigen vorindustriellen Zeit sind vor allem in den vorgenannten Tälern noch zahlreiche Relikte erhalten wie Wehre, Ober- und Untergräben, Dämme, Teiche und Mauerreste, aber auch Hohlwege, über die der Transport abgewickelt wurde oder heute noch verschiedentlich sichtbare Bestände früherer Niederwälder. Dazu gehören auch die prächtigen Wohnhäuser der ehemaligen Unternehmer und Kaufleute z.B. in Remscheid als Zeugen der Blütezeit der damaligen Industrie.

Südlich von Wermelskirchen geht es hinab ins ruhige Eifgenbachtal, in dem sich das Mühlengewerbe etablierte (s. S. 56 ff). Hier wurde in sieben Getreidemühlen Mehl gemahlen und Knochen zu Düngemitteln verarbeitet. Ca. 500 m nördlich von Altenberg mündet der Eifgenbach in die Dhünn, der wir bis Schildgen folgen (s. S. 66). Wir passieren die Bergische Heideterrasse, eine ca. 2-3 km breite und 80 km lange Terrassenleiste, auf der sich die während der letzten Eiszeit aus den unbedeckten kiesig-sandigen Schottern der Niederterrasse ausgeblasenen Sande abgelagert haben und infolge der Nährstoffarmut der Böden genügsame Eichenwälder heranwuchsen (s. S. 76).

Wilde Flusslandschaft des Eifgenbachs südlich der Rausmühle

Auf der Heideterrasse gelangen wir durch den Dünnwald und den gleichnamigen Kölner Stadtteil in die Kölner Bucht, ein seit dem Jungtertiär entstandenes und heute noch in Bewegung befindliches Senkungsgebiet, in das der Rhein seine Terrassen, die rechtsrheinische Niederterrasse und die linksrheinische Nieder- und Mittelterrasse aufgeschottert hat. Rechtsrheinisch war dieser Landschaftsraum zur Römerzeit – ganz im Gegensatz zu der von den Römern besiedelten linksrheinischen Niederterrasse – noch von den Germanen dünn bevölkert und überwiegend von Buchenwald bedeckt. Im Zuge der starken Besiedlung durch die Franken im 7. Jh., verbunden mit der zunehmenden ackerbaulichen Nutzung, erfolgte eine verstärkte Rodungstätigkeit, die ihr größtes Ausmaß im 11. und 12. Jh. erreichte. Die einsetzende Industrialisierung und Siedlungstätigkeit seit Mitte des 19. Jh. hat den Wald bis auf kleine Relikte fast vollständig verdrängt. Bei Köln-Mülheim bzw. Stammheim führt der Wander- bzw. Radweg am Rhein entlang ins Zentrum der Rheinmetropole.

Köln, am wichtigsten Strom Europas um 50 n. Ch. von Agrippina zur römischen Stadt erhoben (Colonia Agrippinensis), geht auf die von Agrippa gegründete Ubieransiedlung (Oppidum Ubiorum) zurück. Als Hauptstadt der römischen Provinz Niedergermaniens erhielt die Kolonialstadt einen streng geometrischen Aufbau mit schachbrettartigem Straßenraster und eine von Türmen bewehrte Stadtmauer. Der Grundriss ist im heutigen Straßennetz noch gut erkennbar. Seit Mitte des 10. Jh. entwickelte sich Köln zu einem bedeutenden Fernhandelsplatz und künstlerischen Zentrum von abendländischem Rang. Im Laufe des 12. Jh. war das mittelalterliche Köln die nach Bevölkerung und Gebietsumfang größte Stadt Deutschlands. In diese Zeit fällt auch der Bau eines Großteils der Kirchen (u.a. Groß St. Martin, St. Kunibert, St. Aposteln, St. Gereon). Mit Einsetzen der Industrialisierung Ende des 19. Jh. und ansteigender Bevölkerung wuchs Köln über die Grenzen der mittelalterlichen Stadt hinaus. Von besonderer stadtbildprägender Bedeutung sind die Anfang und Ende der 20er Jahre entstandenen Grüngürtel (Innerer und Äußerer), die auf die Initiative von Adenauer, dem damaligen Oberbürgermeister, zurückgehen und von Gartenbaudirektor Encke und Stadtplaner Schumacher realisiert wurden.

Im Zweiten Weltkrieg wurde die Innenstadt zu 90% zerstört, so auch ein Großteil der Kirchen; der Dom zählte zu den wenigen gering beschädigten Bauten. Stadtauswärts führt der Weg durch die verstädterte Niederterrasse. Bei Müngersdorf/Alter Militärring ist der Anstieg zur lößbedeckten Mittelterrasse deutlich ausgeprägt, die im Raum Brauweiler nochmals untergliedert ist. In der weithin offenen, flachwelligen Ackerbaulandschaft sind die einstigen Dörfer, Weiler und Einzelhöfe im Einflussgebiet der Stadt Köln stark angewachsen wie z.B. Brau"weiler", Widders"dorf" und Königs"dorf". Bei Königsdorf verlassen wir die Kölner Bucht und durchqueren den fast 50 km langen Höhenzug der Ville, deren westlicher Teil, die sog. Braunkohlenville, über bis zu 90 m mächtige Flöze verfügt und Teil des bedeutendsten Braunkohlenvorkommens Europas ist (s. S. 114f). Riesige Krater mit parallel verlaufenden Aufschüttungen und Rekultivierungen sind die absolut dominanten Gestaltungselemente im Landschaftsbild.

Mittelterrassenlandschaft bei Brauweiler

Südwestlich der Ville beginnt die durch tektonische Vorgänge in Erft- und Rurscholle zerlegte und von Talzügen durchschnittene Zülpicher Börde. Entlang der tief-

Schloss Lörsfeld am Westrand der Erftniederung

sten Einsenkung der Erftscholle, dem sog. Erftsprung, verläuft die Erft, deren ca. zwei Kilometer breite Erftaue wir passieren (s. S. 115 f). Vor der großflächigen Bodenverbesserung waren im Erftbruch infolge des sehr hohen Grundwasserstandes und natürlicher Überschwemmungen größtenteils Auenwälder und Erlenbrüche verbreitet. Flussbegradigungen großen Stils in der zweiten Hälfte des 19. Jh., die Neuanlage des Flutkanals (1866) sowie unzählige Entwässerungsgräben haben die Überschwemmungsgefahr gebannt und die Talaue trokkengelegt. An die Stelle von Auenwäldern sind Pappelwälder und Pappeldriesche (Doppelnutzung als Viehweide und Holzlieferant) getreten. Heutige vom Erftverband durchgeführte Renaturierungsmaßnahmen verfolgen das Ziel, der Erft schrittweise wieder den Charakter eines naturnahen Flusslaufes in einer intakten Auenlandschaft zu verleihen.

Der außerordentliche Reichtum von Wasserburgen und Schlössern entlang der Erft sucht europaweit seinesgleichen. Sie entstanden im Mittelalter im Zusammenhang mit den ständigen Grenzstreitigkeiten zwischen dem Kölner Erzbistum und dem Markgrafen von Jülich (s. S. 116 f).

Östlich von Kerpen dehnt sich die von Menschen intensiv genutzte und morphologisch gleichartige Agrarlandschaft aus. Lößbedeckte Akkerebenen, vor allem die Echtzer Börde westlich der Rur mit ihren mächtigen Lößauflagen, kennzeichnen „das goldene Land“ bis zum Eifelrand und bieten beste Voraussetzungen für Getreide und Zuckerrübenanbau. Durch die Wind- und Regenschutzlage im Lee von Nordeifel und Venn liegt die durchschnittliche jährliche Niederschlagshöhe bei weniger als 600 mm, was sich aber aufgrund der günstigen zeitlichen Verteilung der Niederschläge nicht negativ auf die landwirtschaftlichen Erträge auswirkt. Infolge dieser Klima- und Bodengunst musste der Wald schon in prähistorischer und frühgeschichtlicher Zeit der agrarwirtschaftlichen Tätigkeit weichen. Lediglich Bachniederungen

Offene Bördenlandschaft südlich von Golzheim

wie die des Neffelbachs, an dem der Weg entlang führt, weisen inmitten der weiten Ackerflächen noch Baumbestand und Grünland auf. Vor allem die Ränder der Bachtäler und die historischen Verkehrswege waren Leitlinien für dörfliche Ansiedlungen und den Bau von Burgen wie sich an der den Neffelbach begleitenden Bundesstraße 264 gut verfolgen lässt (s. S. 125 f). Die Ortsnamen auf -ich (von römisch -acum) weisen auf die gallisch-keltische bzw. römische Besiedlung hin.

Bei Merzenich passieren wir den Rurrandsprung, eine morphologisch markante Verwerfung, und nähern uns der ca. 90.000 Einwohner zählenden Kreisstadt Düren. Auf der überflutungsfreien Niederterrrasse östlich der Rur entwickelte sich im späten Mittelalter aus einem fränkischen Königshof im Einflussbereich der aufstrebenden Großstadt Köln ein namhafter Gewerbeort. Die Rur bildete die Leitachse der Siedlungs- und Wirtschaftsentwicklung. Die günstigen natürlichen Voraussetzungen – die Erzvorkommen am Rande der Nordwesteifel, die gute Versorgung mit Rohwolle aus dem Jülicher Land und der Eifel sowie die Wasserkraft der Rur – waren standortbestimmend für die Ansiedlung des Eisen- und Textilgewerbes. Namen wie Hoesch, Schoeller, v. Scheven und Schüll haben ihren Ursprung im Raum Düren. Diese Besitzerdynastien machten in der Folgezeit Düren zum rheinischen Zentrum der Papierherstellung; Dürener Feinpapier erlangte Weltruf. Im November 1944 erlebte Düren durch die Bombardierung der Alliierten eine fast vollständige Zerstörung. Der Wiederaufbau der Stadt orientierte sich weitgehend an dem historischen Straßennetz. Aufbauend auf den traditionellen Gewerbezweigen entwickelte sich Düren schon bald zum wirtschaftlichen Mittelpunkt seines Kreises. Heute erstreckt sich das Stadtgebiet über die ca. 1,5 km breite Talaue. Im Mittelalter besaß die Rur noch ein dichtes Gewässernetz, das von Erlen-Eschen-Auenwäldern und Erlenbruchwäldern begleitet war. Regulierungsmaßnahmen mit der Folge der Grundwasserabsenkung haben in der Folgezeit wie bei der Erft weite Teile der ursprünglichen Niederungslandschaft verändert. Östlich von Derichsweiler beginnt mit dem Eintritt in den Meroder Wald als nördlicher Teil des Hürtgenwaldes der Dürener Eifelfuß, eine Hochfläche von 200 bis 300 m der sich nach Süden erstreckenden Eifel. In die unterdevonischen Schiefer, Grauwacken und Sandsteine haben sich zahlreiche Täler eingeschnitten wie der Schwarzenbroicher und der Rotenbruchbach, die streckenweise auf den dichten Tonschieferböden von Erlenbruchwäldern, wie ihre Endungen auf -broich und -bruch verraten, begleitet werden. Der von Natur aus auf den Höhen vorkommende Buchenwald diente im Mittelalter als Holzlieferant der in den Tälern verhütteten Erze. Im 19. Jh. erfolgte die Umwandlung der stark übernutzten und verheideten Wälder in Nadelholzkulturen und Mischwälder. Anhaltend schwere Kämpfe vom Herbst 1944 bis zum Frühjahr 1945 um den Hürtgenwald und an der Rurfront, die als Widerstandslinie von der deutschen Heeresleitung gedacht war, haben auch zu schweren Waldschäden und Waldvernichtung geführt und umfangreiche Wiederaufforstungen erforderlich gemacht. Wir gelangen bei Wenau (zu Fuß) bzw. bei Langerwehe (per Rad) ins Wehebachtal, das wie das benachbarte Vichttal im 19. Jh. eines der gewerbereich-

Pappeldriesch in der Ruraue nördlich von Düren

Kloster Wenau im Wehebachtal

sten Täler der Nordwesteifel war. Hier wurden Eisen-, Blei- und Zinkerze gefördert und verarbeitet, Schiefer und Kalkstein gebrochen, in Mühlen Getreide und Lohe (=Eichenrinde) gemahlen. Im heute stillen Wiesental erinnern noch einzelne zu Wohnzwecken umfunktionierte Mühlen wie z.B. Blei-, Pütz- oder Krichelsmühle sowie Schevenhütte, das erste Wehetaler Eisenwerk, mit ihren Namen an die einst geschäftige industrielle Vergangenheit. Das Wehebachtal gehört naturräumlich bereits zum Vennvorland, einer weithin offenen Landschaft mit einer Höhenlage um 200 bis 300 m, die uns bis Kornelimünster begleitet.
Hier begegnen uns auf engstem Raum Zeugnisse unterschiedlichster geologischer Entwicklung. Ein dauernder Wechsel von Meeres- und Landablagerungen im Laufe der erdgeschichtlichen Epochen vom Devon bis Oberkarbon ließen eine ungeheure, über 5000 m mächtige Folge von Tonschiefern, Kalken, Sandsteinen, Dolomiten und Mergeln entstehen.
Überall im Raum um Stolberg werden wir konfrontiert mit dieser geologischen Vielfalt. Auf dem Weg zur Laufenburg Quarzitblöcke aus dem Kambrium, aus dem Unterdevon Schiefer in Form von Plattenschiefer als traditionelles Dachdeckungsmaterial, Grauwackebänke am Osthang des Vichttals sowie Kalk-, Dolomit und Sandstein in den zahlreichen Steinbrüchen. Aus letzteren kommt das heimische Baumaterial. Es prägt

zahlreiche Ortsbilder wie z.B. von Schevenhütte und Breinig; hier ist besonders der historische Straßenzug „Alt-Breinig" zu nennen (s. S. 151). Neben den mächtigen Kalkvorkommen waren die Erzlager für die frühindustrielle Entwicklung von großer Bedeutung. Bereits die Kelten begannen mit dem Schürfen der Erze, zur römischen Zeit war der Erzbergbau – die Gewinnung des Erzes zur Messingherstellung in Gießtechnik – ein wichtiger Wirtschaftsfaktor. Im Zusammenhang mit der Besiedlung dieses Raumes sind die Reste des gallo-römischen Tempelbezirks Varnenum östlich von Kornelimünster an der ehemaligen Römerstraße zu nennen, die über Breinig, Vicht nach (Stolberg)-Gressenich führte (s. S. 151 f). Zu jener Zeit führte der starke Holz- und Holzkohlenverbrauch der Mühlen und Hämmer zu großen Kahlschlägen in den bis dahin noch zusammenhängenden Hochwäldern. Niederwälder lösten die bis etwa 1800 weitgehend geschlossenen Laubwälder ab, Übernutzung und Rodung ließen großflächige Heiden und Magertriften zurück und eine bis heute offene Landschaft entstehen. Eine Hochblüte erreichte die Stolberger Messingindustrie im 17./18. Jh.; sie hatte das Messingmonopol inne und beherrschte den Markt über ganz Europa. Wegen der Erschöpfung der Lagerstätten kam im 20. Jh. der Bergbau zum Erliegen und der Kalkabbau wieder zum Zuge. Heute werden zahlreiche Altlastenstandorte auf Grund der von den Schwermetallböden ausgehenden gesundheitlichen Beeinträchtigungen saniert. Einige Standorte sind aus Gründen des Naturschutzes erhalten geblieben, denn auf den ehemaligen Abbauflächen haben sich Galmeitriften gebildet, die wegen ihrer Seltenheit, Artenvielfalt und Fülle an bedrohten Pflanzen und Tieren besonders schützenswert sind (s. S. 150).

Ehemaliger Kalksteinbruch südlich von Stolberg

Natursteinhaus in Alt Breinig südlich Stolberg

Landschaftlich wird die Region um Kornelimünster, eine von Hecken gegliederte, sanft geschwungene Wiesen- und Weidelandschaft, auch

Häuserzeile an der Inde in Kornelimünster

nach dem früheren Territorium der Abtei „Münsterländchen" genannt. Im Zuge der Besiedlung und Industrialisierung sind die ursprünglichen Buchenwälder, auf den Kalkböden die seltenen Orchideen-Buchenwälder, nahezu ganz verschwunden.
Etwa am Südrand des Stadtwaldes bei Eich beginnt der Übergang vom Münsterländchen zum Aachener Kessel als Teil des Aachener Hügellandes. Trotz der von Natur aus feucht-sumpfigen Verhältnisse im Kessel erfolgte hier, angezogen von den schwefelhaltigen Kochsalzquellen, eine frühe Besiedlung. Karl der Große machte diesen Ort nicht zuletzt wegen der Thermalquellen zum Mittelpunkt seines Reiches. In der Pfalzkapelle des Kaisers, dem Aachener Münster, wurden mehr als dreißig deutsche Könige gekrönt. Aus diesen geschichtlichen Anfängen heraus hat sich Aachen, im Dreiländereck Deutschland, Belgien, Niederlande und an wichtigen Handelswegen gelegen, über Kriegswirren hinweg zu einer pulsierenden und faszinierenden Stadt entwickelt. Stolze Bürgerhäuser, historische Plätze und die sprudelnde Vielfalt der Aachener Brunnen machen den Aufenthalt in der fußgängerfreundlichen Stadt zum Erlebnis.
Durch den Preuswald als Teil des Aachener Waldes führt uns der Weg über die deutsch-belgische Grenze nach Moresnet.

Von Buchen gesäumter Landgraben im Preuswald, Aachen

Legende zu den Wanderkarten

- Fußweg
- Radweg
- Alternative
- i Information
- Stele
- 1 Hinweise im Text
- G Gasthaus
- JH Jugendherberge
- PH Pilgerherberge

Übersichtskarte Etappe 1 - 8

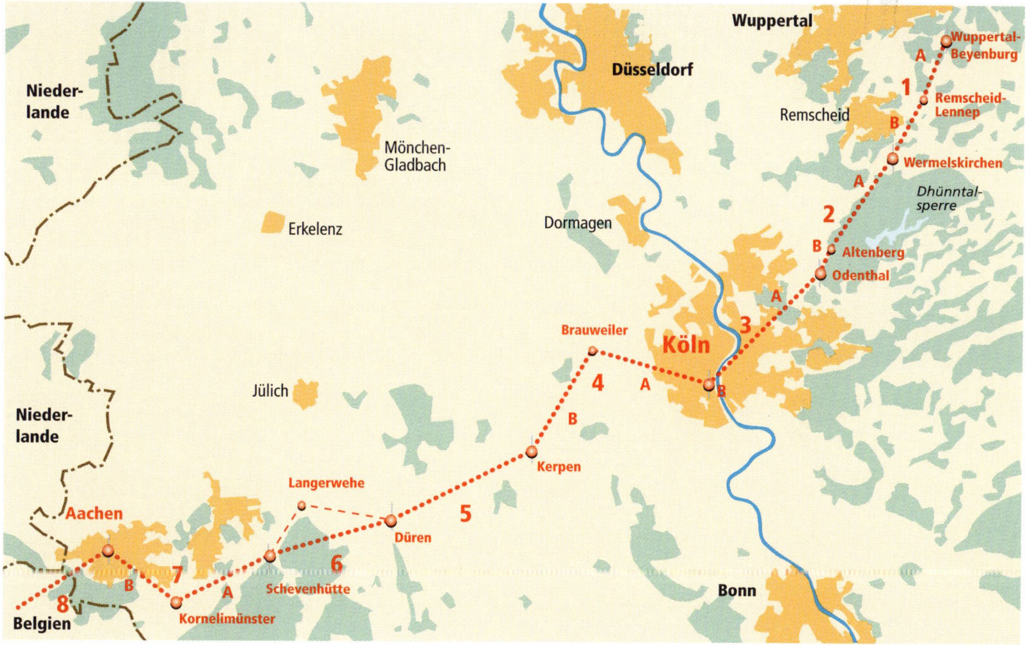

P

Wuppertal-Beyenburg – Wermelskirchen

Die Etappe beginnt an der Klosterkirche in Alt-Beyenburg. *Von dort führt der Weg hinab in den unteren Teil des Ortes, quert die Wupper und verläuft entlang des aufgestauten Flusses. Über die von Wiesen, Feldern und einzelnen Wäldern gegliederte Hochfläche mit ihren kleinen Ortslagen in typischer Randlage der Quellmulden, gelangen wir nach Remscheid-Lennep, der zweitältesten bergischen Stadt mit ihrem historischen Stadtkern. Stadtauswärts geht es durch Wiesen und Wälder hinab zur Eschbachtalsperre und hinauf nach Wermelskirchen mit der markanten Stadtkirche im Zentrum. Die Etappe ist untergliedert in 2 Teilstrecken: 1 A von Wuppertal-Beyenburg bis Remscheid-Lennep, 1 B von Remscheid-Lennep bis Wermelskirchen.

19 km

18 km

* Die Radstrecke verläuft überwiegend auf verkehrsarmen Straßen.

Anfahrt: ab Köln Hbf mit RE bis Wuppertal-Oberbarmen, weiter bis Beyenburg-Mitte mit Bus 616 oder Bus 626, Richtung Radevormwald Bf. Fahrzeit ca. 1 1/4 Std., werktags: 2 mal stündlich, sonn- und feiertags: stündlich.

Pilgerspuren...

Pilgerweg

Beyenburg war eine der wichtigen Stationen an der alten Heer- und Königsstraße, die aus Nord- und Mitteldeutschland über Soest, Dortmund, Hagen und Schwelm nach Köln führte. Diesen Fernhandelsweg benutzten auch die aus dem Westfälischen kommenden Fußpilger auf ihrem Weg nach Köln, wo sie in Beyenburg eine bereits 1335 erwähnte Wupperbrücke passierten. Die Porta Westfalica, wenige hundert Meter weiter westlich, markiert die Grenze zwischen dem Rheinland und Westfalen. Überlieferungen zufolge bestand nahe dem Hofgut Steinhaus – auf der Höhe ca. 1 km westlich von Beyenburg – eine stattliche Herberge, die Reisenden und Pilgern Unterkunft gewährte. Dieses Hofgut geht auf das Herrengut „Stenhus“ der Grafen von Berg zurück, die im Jahre 1298 dem flämischen Orden der Kreuzbrüder aus dem Stammkloster Huy an der Maas die Kapelle des Hofes übertrugen. Der rege Betrieb auf der nahegelegenen Handelsstraße und die nicht immer vornehmen Sitten der Reisenden waren mit dem sich in Stille vollziehendem Ordensleben auf Dauer nicht vereinbar. Die Kreuzherren (seit 1450) gründeten daher Ende des 15. Jh. mit Genehmigung des

Remscheid-Lennep mit ehemaliger Jakobskirche

Kölner Erzbischofs das Kloster auf dem „Berg Beyenburg". Es kann angenommen werden, dass fortan das Kloster den Pilgern als Rastplatz diente, bevor es galt, die steile Straße über Steinhaus nach Lennep zu nehmen. Die Streckenführung der Landstraße 411 entspricht noch heute in wesentlichen Teilen dem Verlauf der wichtigen mittelalterlichen Verkehrsader.

Wegebeschreibung und Hinweise

9,5 km

Schwierigkeitsgrad zu Fuß: leicht bis mittel, größtenteils auf Wanderwegen, teils auf Wirtschaftswegen und ländlichen Straßen .
Ausgangspunkt: Alt-Beyenburg 1 mit kath. Kloster- und Pfarrkirche St. Maria Magdalena **2**. Gegenüber dem Kloster die Treppe hinab, Am Obergraben, Am Untergraben, Beyenburger Furt über die Wupperbrücke und rechts dem Wanderzeichen W bis Frielinghausen folgen. Am Ortsende links nach Lusebusch bis zur Schwelmer Straße (L 411) **4**, diese queren und mit dem Wanderzeichen Ⓡ abwärts, an Sträßchen links und nach ca. 100 m auf A2 bis Schreverheide, geradeaus B 51 und Albert-Schmidt-Allee queren, geradeaus Zum Schützenfeld, rechts Schwelmer Straße, an Pfarrkirche St. Bonaventura **5** Thüringsberg queren nach Remscheid-Lennep **6**, **7**.

8 km

Schwierigkeitsgrad per Rad: leicht, nur zu Beginn steiler Anstieg, überwiegend auf Landstraße ohne Radweg.
Ausgangspunkt: Alt-Beyenburg 1 mit kath. Kloster- und Pfarrkirche St. Maria Magdalena **2**. Auf der Beyenburger Freiheit Richtung Remscheid-Lennep, am Kriegermal vorbei, links in gleichnamige Straße einbiegen, die Gleise queren und nach ca. 100 m links die Steinhauser Straße aufwärts (auf dem Friedhof weist Infotafel auf den Standort des ersten Klosters am Hofgut Steinhaus hin **3**) bis Windfoche, dort links in Schwelmer Straße (L 411) **4**, an Pfarrkirche St. Bonaventura **5** Thüringsberg queren nach Remscheid-Lennep **6**,**7**.

Die Karten sind Ausschnitte / Zusammensetzungen aus der Topographischen Karte 1: 25 000 / 1: 50 000, vervielfältigt mit Genehmigung des Landesvermessungsamtes NRW vom 06. 12. 2000, AZ.: S1777 / 2000

Sehenswürdigkeiten entlang der Strecke

1 Alt-Beyenburg

Alt-Beyenburg liegt auf einem von der Wupper eng umflossenen Bergsporn, dem „Bienenberg." Im kleinen Stausee an seinem Fuße spiegelt sich die malerische Kulisse des Ortes mit den verschieferten Fachwerkhäusern und der spätgotischen Klosterkirche. Unterhalb im Tal an der ehemaligen Furt der Wupper reihen sich in engen Gassen bunt gemischt Fachwerk- und Schieferhäuser aneinander.

Alt-Beyenburg über dem Stausee, Südansicht

2 St. Maria Magdalena mit Kreuzherrenkloster

Ende des 15. Jh. errichteten die Mönche des Kreuzherren-Ordens hier in exponierter Lage ein Kloster (s. S. 39). Die äußerlich sehr schlicht gehaltene, in Ruhrsandstein erbaute spätgotische Kirche, wartet im Inneren mit einer prächtigen barocken Ausstattung auf: Hochaltar, Kommunionbank, Kanzel, Orgelbühne und Orgelprospekt schmücken den weiten kreuzrippengewölbten Kirchensaal. Der prächtige Hochaltar mit der Kreuzigung stellt ein bedeutendes Werk eines unbekannten Meisters aus der Rubensnachfolge dar. Vor der Klosterkirche steht die Jakobsstele mit Informationen zum Weg.

Chorgestühl (Detail) von St. Maria Magdalena, Alt-Beyenburg

Jakobsstele vor Klosterkirche, Alt-Beyenburg

3 *Hofgut Steinhaus*

Die Infotafel auf dem Friedhof erinnert an die Errichtung des Klosters Steinhaus im Jahre 1298 an dieser Stelle. Das Kloster war die 11. Niederlassung des Kreuzbrüder-Ordens zu Huy an der Maas und die erste Gründung auf deutschem Boden. Gründer des 1211 ernannten und durch Papst Innozenz IV. bestätigten Ordens vom Heiligen Kreuz (Ordo Sanctae Crucis) ist der Kanoniker Theodorus de Celles. Die Mitglieder des Ordens lebten nach der Regel des Hl. Augustinus (354-430). Sie nannten sich zunächst Kreuzbrüder, nach 1450 Kreuzherren. Der Fund der Gebeine der Hl. Odilia, Gefährtin der Hl. Ursula, im Jahre 1287 in Köln durch den Ordensbruder Johannes von Eppa macht den

Wappen des Kreuzherrenordens am Klostereingang, Alt-Beyenburg

Hohlweg südwestlich des Hofgutes Steinhaus

Orden in Deutschland bekannt; möglicherweise deshalb riefen die Grafen von Berg die Kreuzbrüder nach Beyenburg. Odilia wird zur Patronin des Kreuzherrenordens erhoben. Ein 1968 nach dem Originalschrein von 1292 angefertigter Odilienschrein wird in der Kreuzkapelle der Klosterkirche aufbewahrt. Im Jahre 1963, 160 Jahre nach der Aufhebung des Klosters durch Napoleon, kehrten die Kreuzherren wieder nach Beyenburg zurück.

4 Schwelmer Straße (L411)

Die überwiegend von Winterlinden und Bergahorn gesäumte Schwelmer Straße entspricht in ihrem heutigen Verlauf noch weitgehend dem Teilstück der mittelalterlichen Straße, die von der Handelsmetropole Köln über Schlebusch, Wermelskirchen und Lennep (heute B 51) nach Schwelm führte. Anfang des 19. Jh. war diese Handelsstraße die im Bergischen Land wichtigste Verkehrsverbindung. Durch den Anschluss an den nördlich gelegenen Hellweg, die Hauptschlagader des Ruhrgebietes, ermöglichten sich Handelsbeziehungen über Dortmund, Paderborn und Magdeburg zur Ostsee und nach Osteuropa.

5 St. Bonaventura

Die heutige Pfarrkirche St. Bonaventura steht im engen Zusammenhang mit dem ehemaligen Minoritenkloster Lennep, dessen Klosterkirche und zugleich Pfarrkirche 1700 eingeweiht wurde. Im Zuge der Säkularisation wurde das Kloster aufgehoben, die Kirche aber blieb der Gemeinde erhalten. Da diese um die Mitte des 19. Jh. der anwachsenden katholischen Gemeinde nicht mehr genug Platz bot, wurde 1866-1868 die heutige Pfarrkirche, ebenfalls unter dem Patronat des bedeutenden Heiligen und Kirchenlehrers aus dem Minoritenorden, gebaut. In den Jahren 1964-68

Jakobusfenster, St. Bonaventura, Lennep

wurde die dreischiffige neugotische Kirche mit dem dreigeschossigen Westturm im Innern umgestaltet und ein Seitenschiff mit Tauf- und Beichtkapelle angefügt. In der Seitenkapelle befindet sich eine barocke Holzfigur, die Jakobus d. Ä. mit Pilgerstab und Pilgerflasche zeigt, im rechten Seitenschiff ist ihm ein Kirchenfenster gewidmet, das ihn mit Schwert darstellt als Hinweis auf seine Enthauptung – er starb als erster Apostel den Märtyrertod durch König Herodes um das Jahr 44 n. Ch. Die ehemalige Klosterkirche in der Altstadt wurde 1987 als Kulturzentrum mit Klosterschänke ausgebaut, sie umfasst zusammen mit zwei wieder aufgebauten Klostergebäuden den Bongartshof.

Pilgergruppe vor der Klosterschänke

6 *Remscheid-Lennep*

Der historische Stadtkern mit einer ehemaligen kreisförmigen Befestigungsanlage geht auf die mittelalterliche Stadtgründung zurück. Lennep wurde etwa Mitte des 13. Jh. zur Stadt erhoben. Die günstige Lage an der Fernhandelsstraße bestimmte ihre Entwicklung über Jahrhunderte. Vor allem durch die Tuchmacherei wurde Lennep im 15. und 16. Jh. zu einer der bedeutendsten Tuchstädte Deutschlands. Als Mitglied der Hanse pflegte sie Verbindungen in alle Welt. Lennep, seit 1929 ein Stadtteil von Remscheid, ist heute ein gut erhaltenes Beispiel einer Stadt mit mittelalterlichem Grundriss, die von engen, winkligen Gassen mit Schiefer- und Fachwerkhäusern geprägt ist. Den Altstadtmarkt überragt die ehemalige Jakobskirche, heute ev. Stadtkirche mit der markanten Zwiebelhaube. Ihre Gründung geht auf die Hofeskapelle des Stiftes St. Kunibert zu Köln zurück, das über große Besitztümer im Bergischen Land verfügte und das Kollationsrecht besaß, d.h. die Stiftsherren ernannten

Straßenschild
in Lennep

die ersten Pfarrer der unter das Patrozinium des Apostels Jakobus gestellten Pfarrkirche. Die Kirche brannte mehrfach ab, wurde immer wieder an gleicher Stelle aufgebaut. Am Ende des 16. Jh. setzte sich in der Pfarrei Lennep die Reformation durch. Im Vorraum erinnert eine Inschrift an Adolf Clarenbach, den Reformator und Märtyrer des Bergischen Landes, der 1529 wegen der Verbreitung lutherischer Lehren auf dem Scheiterhaufen verbrannt wurde (s. S. 100).

7 *Sehenswürdigkeiten in Lennep*

Röntgen-
Museum,
Lennep

Zu Ehren Wilhelm Conrad Röntgen (1845-1923), dem berühmtesten Sohn der Stadt Lennep und Nobelpreisträger für Physik (1901), wurde 1930 das Deutsche Röntgen-Museum in dem bergischen Bürgerhaus aus dem Jahre 1803 eingerichtet. Es zeigt eine in der Welt einmalige Sammlung von Apparaturen zur Erzeugung und vielseitigen Anwendung der Röntgenstrahlen z.B. in Medizin, Chemie, Geologie, Archäologie und Kriminalistik. Der historische Teil ist Gedenkstätte mit vielen persönlichen Dingen aus dem Nachlass Röntgens. Sein Geburtshaus steht am Gänsemarkt 1.

Lennep zählt seit dem 16. Jh. zu den bedeutendsten Tuchstädten Deutschlands. Ende des 18. Jh. arbeiteten 200 Webstühle im Ort. Das Tuchmuseum in der Freiherr von Stein-Schule (Hardtstraße 2) ist aus dem Textilmuseum der Firma Wülfing hervorgegangen. Es gibt Einblicke in die Entwicklung der Tuchmacherei im Zusammenhang mit der Energiegewinnung durch Wasserkraft, in die soziale Verantwortung der Unternehmer (Arbeiterwohnhäuser) und in Mode und Farben dieses Lenneper Industriezweiges in den letzten 100 Jahren anhand von Musterbüchern.

Garschager Heide
319,8
Unter-
Mittel-
Garschagen
Ober-
284,1
Cluse
4
Grunewald
Schreverheide
L 411
Vorm Busch
Blume
Garnixhäuschen
Obergrunewald
Wiedenhof
345,6
368,8
Wbh
346,7
Endringhausen
B 51
Wbh
5
LENNEP
6,7
365,1
Kimmenau
305,0
318,0
323,4
293,7
Panzer-
talsperre
343,0
296,0
8
stillgelegt
324,7
Repslöh
306,0
B 51
Leverkusen
Eichenhof
329,3
Grenzwall
Radenachershof
L 412
0
0,5
1 km

TEILSTRECKE 1B

Remscheid-Lennep – Wermelskirchen

Pilgerspuren...

Zahlreiche Merkmale deuten noch heute in Lennep auf die Rast der Pilger auf ihrem weiten Weg nach Santiago de Compostela hin. Die Pilgergasse in der Nähe des ehemaligen „Schwelmer Tors" kennzeichnet ihren Einzugsweg. Die noch vorhandenen Straßenschilder „Küchengasse" und „Splittergasse" können wohl mit einer Verpflegungsstelle und einem Spital in Verbindung gebracht werden. In engem Zusammenhang mit der Pilgerbewegung auf der alten Fernstraße, die die westfälischen Reisenden benutzten, ist vermutlich der Patronatswechsel der Lenneper Kirche zu erklären. Diese urprünglich dem Hl. Nikolaus geweihte Hofeskapelle wurde im Zuge des Baus der Jakobskirche Anfang des 13. Jh. Jakobus dem Älteren geweiht. Sehr wahrscheinlich konnten die Pilger auch in der Kirche, dem Ort der lokalen Verehrung des Hl. Jakobus übernachten. Durch das „Kölner Tor" zogen sie weiter Richtung Rhein.

Wegebeschreibung und Hinweise

9,5 km

Schwierigkeitsgrad zu Fuß: mittel, überwiegend auf Feld- und Waldwegen, teils auf Gehwegen.
Ausgangspunkt Remscheid-Lennep: Stadtauswärts auf der Kölner Straße bis zur B 229 (Lenneper Straße/ Ringstraße), diese queren und auf der Borner Straße weiter, nach ca. 500 m rechts in Handelsweg, über Bahn und nach ca. 100 m links in Feldweg – (Wer auf dem Handelsweg ca.150 m weiter geht, hat von hier aus einen guten Einblick auf Relikte der ehemaligen Handelsstraße **8**). Ab hier verläuft der Wanderweg R bis zur Eschbachtalsperre gemeinsam mit dem Pilgerweg – der Weg führt durch Wald auf die Höhe, im Westen das Panorama von Remscheid, vorbei an einem lichten Eichenwald mit einigen sehenswerten Stechpalmen (Ilex) und dem Steinernem Kreuz **9** zur Eschbachtalsperre **10**, direkt hinter der Talsperrenmauer links, durch Wald bergauf, am Ende rechts hinunter nach Wüstenhof, links der K 3 aufwärts bis B 51 folgen und rechts auf Berliner Straße (B 51) bis Wermelskirchen-Ortsmitte **11**.

10 km

Schwierigkeitsgrad per Rad: mittel, leichte bis mittlere Steigungen bzw. Abfahrten, überwiegend auf autoarmen Kreisstraßen, z.T mit Radwegen und auf Stadtstraßen.

Ausgangspunkt: Remscheid-Lennep: Stadtauswärts auf der Kölner Straße, B 229 (Lenneper Straße/ Ringstraße) queren, geradeaus auf der Borner Straße, nach ca. 500 m rechts in Handelsweg **8**, links Tenter Weg, vor Tente rechts Autobahn unterqueren und links bis zur Mebusmühle, auf der K 3 Richtung Wermelskirchen, an B 51 rechts (Berliner Straße) bis Wermelskirchen-Ortsmitte **11**.

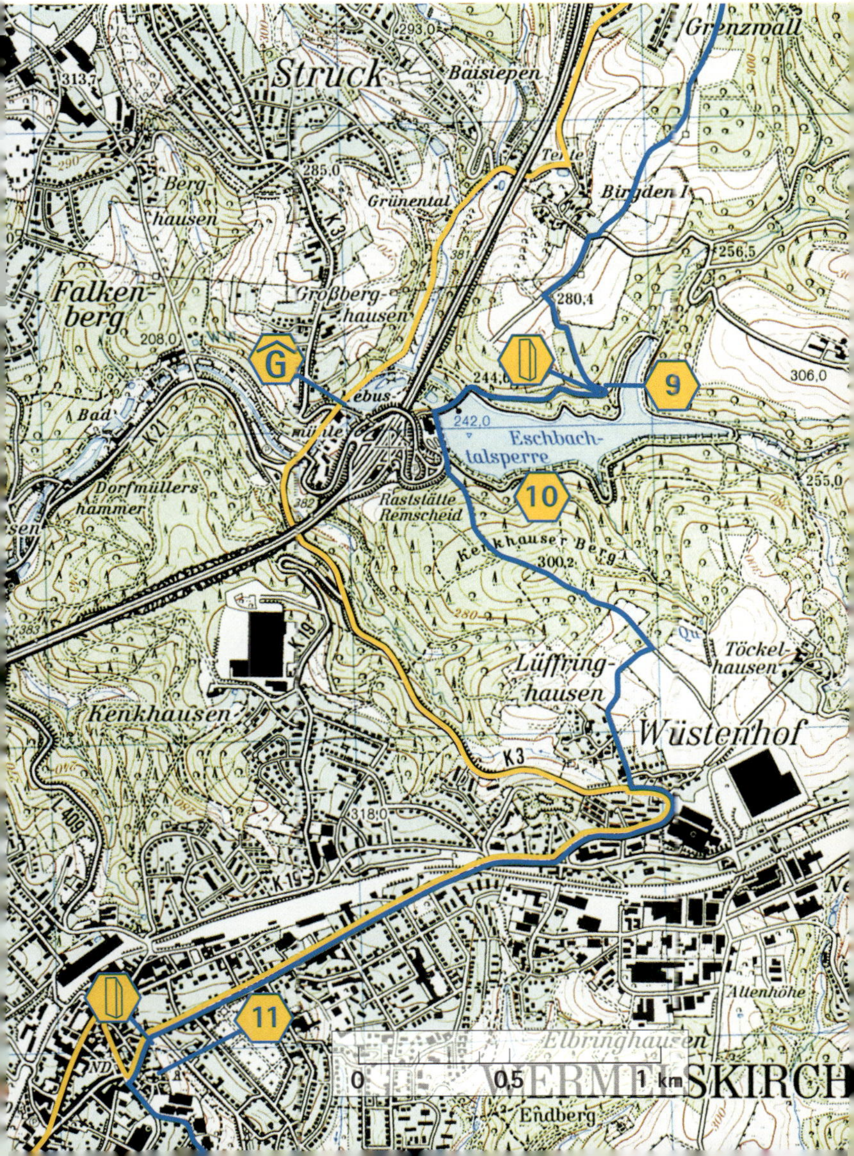

8 *Ehemalige Heer- und Handelsstraße*

Südlich der Wegebezeichnung „Handelsweg" sind in einem von einzelnen Eichen bestandenen Wiesengelände noch sehr gut die Relikte der ehemaligen Handelsstraße zu sehen. Als Teil des Straßenabschnittes Köln-Dortmund verlief sie von Köln bis Wermelskirchen etwa auf der Linie der heutigen B 51. Von Wermelskirchen bis Lennep gab es drei Varianten: eine über Kenkhausen – Mebusmühle und eine über Wüstenrot – Lüffringhausen. Beide trafen im Eschbachtal wieder zusammen, querten dort den Eschbach an einer Furt und führten über Birgden und Greuel nach Lennep. Die Pilgerstrecke südlich von Lennep bis zur Eschbachtalsperre hinab verläuft ein Stück entlang der letztgenannten Variante, geschulte Augen können rechts des Weges im Wald und südlich des Steinernen Kreuzes noch Spuren dieser Straße in Form von Hohlwegen erkennen. Eine dritte Variante im Osten umging das tiefe Eschbachtal und verlief über Bergisch Born – Lehmkuhle nach Lennep.

Obwohl die Handelsstraßen ein hohe wirtschaftliche Bedeutung besaßen, hat man in früheren Jahrhunderten zu ihrem Bau und ihrer Pflege sehr wenig getan. Die Straßen und Wege hatten noch bis ins späte Mittelalter außerhalb der Ortschaften weder einen tragfähigen Unterbau noch eine Pflasterung. Es waren überwiegend Naturstraßen, die sich den Gegebenheiten des Geländes anpassten, dabei große Steigun-

Ehem. Heer- und Handelsstraße bei Grenzwall (südlich Lennep)

gen und Hindernisse vermieden, um ein rasches Vorwärtskommen zu gewährleisten. Berichten zufolge waren sie bei Trockenheit mit einer dicken Schutt- und Staubschicht, nach Regenfällen mit einer tiefen Schlamm- und Morastschicht bedeckt. Innerhalb von Siedlungen säumten Mist- und Abfallhaufen den Straßenrand. Waren einzelne Stellen unpassierbar, wurden diese umfahren, so dass sich oftmals breite Wege mit mehreren Spuren ergaben; auch hat die starke Nutzung mit Pferdegespannen und Ochsenkarren im Laufe der Zeit zu tiefen Fahrrinnen geführt. Diese Handelsstraßen wurden von allen Reisenden gleichermaßen genutzt, ob Händlern, Handwerksburschen, lichtscheuem Gesindel oder Pilgern. Fußläufig und mit Ochsenkarren lagen die Tagesetappen bei ca. 20 km, mit Pferdegespannen bei ca. 30 km, zu Pferd bei ca. 70 km.

9 *Steinernes Kreuz*

Das Steinerne Kreuz ist vermutlich ein Sühnekreuz (aus Trachyt), das von der Sippe des Getöteten errichtet wurde. Seine Inschrift lautet: Bitte für die Seele des Herrn Josef Weizels, dessen Überfall dieses Kreuz gesetzt ist, zum Gedächtnis an den 17. Oktober im Jahre des Herrn 1554.

Steinernes Kreuz nahe der Eschbachtalsperre

Nach der Überlieferung musste hier ein Reisender bei einem Raubüberfall sein Leben lassen. Der Sterbende soll auffliegende Krammetsvögel (Wacholderdrosseln) zu Rächern der Freveltat aufgerufen haben. Als später die beiden Täter in ein Wirtshaus in Bergisch-Born einkehrten und ihnen Krammetsvögel gereicht wurden, entschlüpfte einem der beiden die Bemerkung: „Die verraten uns nicht mehr!" Der Wirt, der diese Worte vernahm, veranlasste die Festnahme der beiden Mörder durch die Kellnerei (Amtsbehörde) von Burg. Sie sollen in Köln verurteilt und hingerichtet worden sein.

Bei dieser Sage handelt es sich möglicherweise um die Abwandlung der auf dem Jakobspilgerweg verbreiteten Galgen- und Hühnerwunder-Legende mit meist folgendem Inhalt: Eltern mit Sohn kehren auf dem

Weg nach Santiago de Compostela in ein Wirtshaus ein. Dort wird dem Sohn heimlich vom Wirt ein silberner Becher ins Reisegepäck gesteckt. Der Sohn wird der Tat überführt und zum Tode durch Erhängen verurteilt. Die Eltern begeben sich weiter auf den Weg zum Grab des Hl. Jakobus und beten dort für ihren Sohn. Auf dem Rückweg kommen sie an dem Galgen vorbei und finden voller Erstaunen und Freude ihren Sohn lebendig vor. Dieser berichtet, dass der Hl. Jakobus ihn gehalten und so vor dem Tode bewahrt habe. Der Vater meldet dies unverzüglich dem Richter, der gerade zu Tisch sitzt und gebratenes Geflügel vor sich hat. Ungläubig starrt der Richter den Vater an und sagt: „So wenig wie die gebratenen Hühner hier auf meinem Tisch leben, so wenig lebt Euer Sohn". Kaum hatte er diese Worte ausgesprochen, flogen die Hühner davon. Der Sohn wurde vom Galgen genommen und kehrte mit seinen Eltern nach Hause zurück, der betrügerische Wirt wurde an seiner Stelle erhängt.
Diese Legende war eine der bedeutensten des Mittelalters. Schon der Zisterziensermönch Caesarius von Heisterbach (1180-1240) beschreibt sie in seinem „Dialogus miraculorum", desgl. findet sie sich in der Le-

Galgen- und Hühnermirakel, Holzschnitt um 1460

genda Aurea des Jacobus de Voragine. In zahlreichen Kirchen und Kapellen erinnern Darstellungen an die wundersame Rettung des Pilgers, wie z.B. die um 1495 entstandenen Fresken in der St. Jakobus-Kapelle in Gielsdorf/Bonn oder die gotischen Fresken in der Kirche St. Peter in Herchen (Sieg). Vielfach werden aus den Hühnern Tauben oder ein Hahn und eine Henne. In der Kathedrale von Santo Domingo de la Calzada erinnern sogar in einem Käfig gehaltene lebendige Hühner an diese Legende.

10 *Eschbachtalsperre (Remscheider Talsperre)*

Eschbachtalsperre

Intze-Denkmal

Trotz des Niederschlagsreichtums im Bergischen Land kam es in früheren Zeiten immer wieder zu Wassermangel. Der Grund hierfür liegt in der geringen Durchlässigkeit des aus Grauwacke bestehenden geologischen Untergrundes, wodurch das Oberflächenwasser nicht gespeichert werden kann und zu schnell abfließt. Der Pionierarbeit des Aachener Professors Intze auf dem Gebiet des Talsperrenbaus ist es zu verdanken, dass im Jahre 1889 mit dem Bau der ersten Talsperre Deutschlands begonnen werden konnte. 1891 war die mit heimischer Grauwacke gebaute Sperrmauer fertig. Die Talsperre wurde, nachdem sie mit einer Million Kubikmeter Wasser gefüllt war, 1892 in Betrieb genommen. Unter Intzes Regie entstanden in den folgenden Jahrzehnten sechs weitere Talsperren im Bergischen Land.

11 *Wermelskirchen*

Wermelskirchen liegt auf dem Bergrücken zwischen dem Eschbach- und dem Eifgenbachtal. Den alten Ortskern mit seinem kleinen Markt prägen eine Reihe stattlicher verschieferter Wohnhäuser des 18. und 19. Jh. sowie die dahinter liegende ev. Kirche mit dem mächtigen Turm, der von der malerischen doppelzwiebligen Spitze aus dem 18. Jh. bekrönt wird. Durch die Lage an der Handelsstraße, dem wichtigen Verbindungsglied zwischen der Hansestadt Lübeck und den flandrischen Städten, ist die Entwicklung von Wermelskirchen seit jeher eng mit der Verkehrssituation verbunden. Im 19. Jh. entwickelte sich mit der Textilbranche (Seidenbandproduktion), der Feilen- und der Schuhfabrikation eine vielfältige Industrie. Aus Wermelskirchen stammt Dr. Carl Leverkus (Geburtshaus Eich 19), der 1834 eine Fabrik zur Ultramarinherstellung gründete und diese 1860 aus verkehrstechnischen Gründen nach Wiesdorf an den Rhein verlegte. Seit 1929 trägt die neu gegründete Stadt Leverkusen den Namen ihres Gründers.

Ev. Stadtkirche und Schieferhäuser am Markt von Wermelskirchen

Westlich des Marktplatzes (ca. 250 m entfernt) liegt die Pfarrkirche St. Michael, eine moderne Kirche in Form eines Schiffes mit ansteigendem Bug, das den „Wogen des Meeres trotzt". Sie ist anstelle einer 1838 erbauten kleineren Kirche entstanden, deren Turm links neben dem Hauptportal der heutigen steht. Um den alten Altartisch läuft ein filigranes

Bronzegitter mit Jakobus, St. Michael, Wermelskirchen

Bronzegitter herum, das dreireihig mit Medaillons der Apostel und Heiligen aus dem liturgischen und regionalen Kalender besetzt ist. Auf der Vorderseite ist in der Mitte der oberen Reihe der Pfarrpatron St. Michael als Erzengel dargestellt. Auf der linken Altarseite befindet sich in der unteren Reihe Jakobus d. Ä. in Pilgerkleidung mit Muschel am Hut.

Jakobs-Kreuzkraut (Senecio jacobaea)

Aufgrund der kalkreicheren Böden im linksrheinischen Teil der Wegestrecke – im Bergischen Land überwiegen hingegen kalkarme, saure Böden – ist das Jakobs-Kreuzkraut vor allem an Wegrainen, in Waldsäumen und grasigen Böschungen auf den folgenden Etappen 4 bis 7 anzutreffen.

Der Blütezeit um Jakobi, den 25. Juli, verdankt das Jakobs-Kreuzkraut seinen Artnamen. Der Gattungsname Kreuzkraut, auch Greiskraut von lat. senex, weist auf die schnelle Entwicklung des grauen (greisen) Haarkranzes hin, der die reifen Früchtchen krönt. Im Volksmund gibt es für das Jakobs-Kreuzkraut Namen wie Herrgottsnagel (Eifel und Raum Kerpen), St. Jakobsblum oder Jakobsstab.

Das stattliche Jakobs-Kreuzkraut wird bis zu einem Meter hoch. Die Blätter der ein- bis mehrjährigen Pflanze sind in tief gezähnte und gelappte Abschnitte geteilt, die zahlreichen Blütenköpfe werden außen von abstehenden goldgelben Zungenblüten, die mitunter fehlen können, geschmückt. Die Blütezeit umfasst die Monate Juli und August.

Aus Quellen ist bekannt, dass in Geilenkirchen zum Flechten der Johanniskränze das Jakobs-Kreuzkraut und der Rainfarn verwendet wurden. Die Pflanze enthält für Mensch und Tier giftige Alkaloide, in der Volksmedizin diente sie u.a. der Stillung von Blutungen.

Jakobs-Kreuzkraut

Wermelskirchen – Odenthal

Etappe 2

Die Etappe beginnt am Marktplatz. Der Weg* führt hinab ins idyllische Eifgenbachtal, vorbei an ehemaligen Mühlen (heute vielfach Gaststätten) ins Dhünntal nach Altenberg mit dem ehemaligen Zisterzienserkloster und dem Altenberger Dom. Im Dhünntal geht es weiter, vorbei an Schloss Strauweiler nach Odenthal, einem kleinen von hübschen Fachwerkhäusern geprägtem Ort mit der romanischen Pfarrkirche St. Pankratius. Die Etappe ist in zwei Teilstrecken unterteilt: Teilstrecke 2 A von Wermelskirchen bis Altenberg und 2 B von Altenberg bis Odenthal.

19,5 km

18 km

*Die Radstrecke verläuft auf Kreis- und Landstraßen hinab ins Eifgenbachtal (Whs. Neuenmühle), von dort bergauf über Emminghausen nach Dabringhausen und wieder hinunter ins Dhünntal nach Altenberg und Odenthal.

Anfahrt: ab Köln Hbf (Breslauer Platz) mit Bus 260 bis Wermelskirchen-Markt, Richtung Fr.-Ebert-Platz/ Busbf (Remscheid). Fahrzeit ca. 1 1/4 Std., werktags: halbstündlich, sonn- und feiertags: stündlich.

Pilgerspuren...

Pilgerweg

Graf Eberhard von Berg, der bereits kurz nach 1129 nach Santiago de Compostela pilgerte, lernte auf seinem Rückweg das Kloster Morimond (Tochterkloster von Cîteaux= lat. cistercium) kennen, in das er als Mönch eintrat. 1133 besiedelten von Morimond aus Mönche zunächst die alte Burg Berge, die ihnen Graf Eberhard und sein Bruder Graf Adolf zur Klostergründung übereignet hatten. Da die alte Burg für ihre Zwecke nicht geeignet war, ließen sie sich wenig später im Dhünntal nieder. Das Zisterzienserkloster in Altenberg, schon bald nach seiner Errichtung ein wichtiges geistiges und kulturelles Zentrum des Abendlandes, veranlasste so manchen Pilger, von der alten Heer- und Handelsstraße ein Stück abzuweichen, um im Dhünntal die sprichwörtliche Gastfreundschaft der Zisterzienser für eine Rast in Anspruch zu nehmen. Dem Küchenhof als Wirtschaftshof der Zisterzienserabtei kam hierbei als Herberge für die Pilger eine besondere Bedeutung zu.

Heute bietet das „Haus Morimond" – Kleine Klausur – im Küchenhof den Reisenden, Pilgern oder Wanderern Einkehr und Rast; in den oberen Etagen stehen Tagungsräume und Übernachtungsmöglichkeiten zur Verfügung. Die Herberge knüpft damit an die Tradition des Klosters vergangener Zeiten an.

Torbogen von 1752, ehemaliger Haupteingang zur Abtei mit Hl. Bernhard, Altenberg

TEILSTRECKE 2A

Wermelskirchen – Altenberg

Wegebeschreibung und Hinweise

16 km

Schwierigkeitsgrad zu Fuß: leicht (bis mittel), überwiegend auf Waldwegen und Pfaden.

Ausgangspunkt Wermelskirchen, Markt: Auf der Stockhauser Straße **1** (Richtung Hallenbad), links den Quellenweg hinab, am Hallenbad rechts vorbei, durch den Wald, zwischen Sportplätzen hindurch, an L 409 rechts, an Haus Eifgen vorbei und rechts hinab ins Eifgenbachtal. An der Wandertafel geradeaus Eifgenbach **2** queren, rechts weiter im Eifgenbachtal – der Pilgerweg verläuft ab Markt die gesamte Strekke bis Odenthal gemeinsam mit dem Rautenweg ◇ – vorbei an der Berger Mühle **3**. An K 15 links ca. 200 m Gaststätte Kartoffelhaus Neuemühle **4**, vor der Brücke rechts bis zur Rausmühle (heute Gaststätte) **5**, an K 18 ca. 30 m rechts und gegenüberliegend Weg im Eifgenbachtal fortsetzen, L 294 an der ehemaligen Markusmühle **6** queren, weiter im Eifgenbachtal (der Weg wechselt im weiteren Verlauf mehrfach die Bachseite). Kurz nach Passieren einer kleinen Brücke hat der Eifgenbach ein verzweigtes System von Altrinnen geschaffen, hier befinden sich zwei als Naturdenkmal geschützte Eiben (Alter ca. 250 Jahre, Stammdurchmesser ca. 60-70 cm). Ein kurzes Stück steil aufwärts, weiter im Bachtal entlang, am Ringwall **7** und Märchenwald vorbei zum ehemaligen Zisterzienserkloster Altenberg mit Dom **8**.

15 km

Schwierigkeitsgrad per Rad: mittel bis (hoch), mittlere bis steile, z.T. kurvenreiche Abfahrten bzw. Steigungen auf Kreis- und Landstraßen, z.T. mit Radwegen.

Ausgangspunkt Wermelskirchen, Markt: Obere Remscheider Straße, links Telegrafenstraße, rechts Eich, links Darbringhauser-/Hilfringhauser Straße, bei Hinterhufe rechts auf K 15 (z.T. steile kurvenreiche Strecke über Neuenmühle **4**, Emminghausen nach Dabringhausen, die L101 queren, geradeaus auf der Wermelskircher Straße, rechts (historische) Altenberger Straße durch Ort, links weiter auf der L 101 / „Neue“ Altenberger Straße über Lüdorf bis Ortsschild Limmringhausen, links über den Ort Bremen, Gut Steinhausen, Haus Haniel und In der Aue hinunter ins Dhünntal **9**, bei Schöllerhof links auf L 101 bis Altenberg **8**.

Wermelskirchen
B51
L 157
L 157
K 15
K 15
L 101
In den Birgden
Braunsberg
Herrlinghausen
Eckringhausen
Hoffnung
Im Berg
Vorderhufe
Hinter-
Finkenholl
Kotterberg
Neuenmühle
Riesberg
Wöllersberg
Efgesberg
Emming-
Hollkotten
Kreckersweg
Pantholz
Tannenbaum
Stumpf
Höhe
Schürholz
Arnzhäuschen
Großeledder
Grunewald
Wenschebach
1
2
3
4
G
0
0,5
1 km

Sehenswürdigkeiten entlang der Strecke

1 *Kattwinkelsche Fabrik*

Die am Ende des 19. Jh. erbaute Kattwinkelsche Fabrik ist eine der wenigen Zeugnisse der einstmals bedeutenden Schuh- und Schäfteproduktion Wermelskirchens. Die restaurierte und in Teilen umgebaute Industrieanlage besteht aus einem Kontortrakt und einer Fabrikationshalle in Backsteinbauweise. Sie beherbergt heute in ihren Räumen das Begegnungs- und Kulturzentrum der Stadt sowie die Stadtbücherei.

2 *Eifgenbachtal*

Das Eifgenbachtal ist eines der reizvollsten Bachtäler des Bergischen Landes. Bewaldete Hänge, von tief eingekerbten Seitentälern gegliedert, flankieren seine bis zu 100 m breite Aue. Der von Erlen und Weiden gesäumte Mittelgebirgsbach schlängelt sich durch Wiesen und Weiden, stellenweise auch Auenwald und Röhricht, bevor er nördlich von Altenberg in die Dhünn mündet. An den ehemaligen Mühlen, von denen die Neuemühle und die Rausmühle zu Gaststätten umfunktioniert sind, ist der Bach zu Teichen für die Forellenzucht aufgestaut. An den steilen, z.T. felsigen oder flachgründigen Hängen wachsen überwiegend „anspruchslose“ Laubwälder, so der auf dem sauren Grauwackegestein im Bergischen Land sehr häufig vorkommende Hainsimsen-Buchenwald. Den spärlich bedeckten Waldboden nehmen überwiegend Gräser ein, wie die zierliche Drahtschmiele und die ihm seinen Namen gebende Hainsimse. Häufig steht dieser Wald im Wechsel mit dem meist lichteren Buchen-Eichenwald, der neben Buchen und Eichen (Stiel- und Traubeneiche) auch

Eifgenbach südlich der Markusmühle

verstärkt Birke, Eberesche, Faulbaum und Stechpalme enthält. In der Krautschicht kommen die Blaubeere, das Schattenblümchen, der Wiesenwachtelweizen, der Salbeigamander und der Rippenfarn, an wechselfeuchten Stellen das Pfeifengras vor.

Am Unterhang, auf etwas tiefgründigerem und feuchterem Boden schließt sich ein schmaler Waldstreifen aus Eichen-Hainbuchenwald an. Im Frühjahr bedecken Buschwindröschen, Scharbockskraut und Sauerklee den Waldboden, später erscheinen vereinzelt die Vielblütige Weißwurz, die weißblühende Ährige Teufelskralle und zahlreiche Farne. Entlang des Weges, an sickerfeuchten Stellen, erscheint das ab Juli/August goldgelb blühende Springkraut (Rühr mich nicht an), dessen Früchte mittels eines eingebauten Katapultes bei Berührung den Samen meterweit herausschleudern und so für seine Ausbreitung sorgen. Den Mittelgebirgscharakter des Eifgenbaches kennzeichnet auf weiten Strecken die felsige Bachsohle. Mit etwas Glück ist hier die Wasseramsel zu beobachten, erkennbar an ihrer weißen Kehle und dem typischen Knicksen auf den von Wasser umspülten Felsblöcken und Steinen im Bachbett. An seichten vegetationsreichen, sonnigen Uferstellen hält sich mit Vorliebe die metallisch schillernde Blauflügel-Prachtlibelle auf, die ein Anzeiger für gute Wasserqualität ist.

oben links
Blauflügel-Prachtlibelle

oben rechts
Wasseramsel

unten links
Ährige Teufelskralle

unten mitte
Rippenfarn

unten rechts
Wald-Hainsimse

3 *Berger Mühle*

Eingangstür Berger Mühle

Die Berger Mühle ist eine ehemalige Getreidemühle. Der zweigeschossige Bau mit Obergeschoss aus Fachwerk und verschiefertem Erdgeschoss wird heute als Wohnhaus genutzt. Den Eingang ziert eine barocke Haustür mit dem Spruch im Türsturz: „Wo Gott zum Hauß nit gibt ein gunst So ist all arbeit umbsunst. Anno: 1654 Den 1 Tag July." Hier wurde 1622 für die reformierte Gemeinde Wermelskirchen eine Provinzial-Synode abgehalten. Die Mühle besaß 1654 zwei oberschlächtige Wasserräder in einem Gerinne und drei Mahlgänge, je einen für Roggen, Weizen und zum Reinigen des Hafers. Anfang des 19. Jh. diente sie als Fruchtmühle. Zwei Mühlsteine vor dem Haus erinnern an ihre einstige Funktion.

4 *Neuemühle*

Die Erlaubnis zum Bau der Neuemühle wurde 1826 erteilt; sie zählt zu den letzten im Bergischen Land gebauten Mühlen. Das stattliche Mühlen- und Wohngebäude war ursprünglich eine Kornmühle mit integrierter Bäckerei, die bis in die 50er Jahre des 20. Jh. noch in Betrieb war. Das Mahlwerk sowie die Backstube mit dem alten Ofen sind im Kellergeschoss zu besichtigen. Heute ist das „Kartoffelhaus Neuemühle" eine beliebte Gaststätte.

5 *Rausmühle*

Auf einem seit dem 15. Jh. erwähnten Mühlenstandort befindet sich die Rausmühle, ein zweigeschossiges Gebäude aus der Mitte des 19. Jh.. Sie besitzt als einzige der am Eifgenbach gelegenen Mühlen noch ein

Kartoffelhaus Neuemühle

funktionstüchtiges oberschlächtiges Mühlrad, das mit Wasser über den Obergraben angetrieben wird. Die Rausmühle war noch bis Mitte des 20. Jh. in Betrieb, sie ist heute ein beliebtes Ausflugslokal.

6 Markusmühle

Die Markusmühle, eine erstmals 1545 erwähnte Knochenmühle, brannte mehrfach ab, zuletzt 1985 als Gaststätte. Von dem Mühlen-Ensemble existiert heute lediglich ein nach einem früheren Brand wieder aufgebautes Nebengebäude, worauf folgende Inschrift im Balken „nach dem Brand wieder aufgebaut 1937/38, Baumeister war August Kegel" unter zwei Giebelkränen hinweist.

7 *Eifgenburg*

Oberhalb der steil ins Eifgenbachtal abfallenden Bergzunge befand sich die Eifgenburg, von der heute noch die Ringwallanlage aus dem frühen Mittelalter (10./11. Jh.) erhalten ist. Die ca. 50 x 140 m große Anlage wird zudem von beiden Seiten von schluchtartigen Tälchen (Siefen) flankiert, die ein Erstürmen erschwerten. Ein Schildwall diente der zusätzlichen Sicherung. Die Bedeutung der Burg, deren Besitzer nicht bekannt sind, nahm vermutlich wegen der Erstarkung der Grafen von Berg bereits im 13. Jh. ab. Am Fuße des Bergsporns befindet sich eine Infotafel des Landschaftsverbandes Rheinland, Rheinisches Landesmuseum Bonn.

8 *Ehemaliges Zisterzienserkloster Altenberg und Altenberger Dom*

Reformäbte, v.l.n.r. Robert von Molesme, Alberich von Cîteaux, Stefan Harding, Bernhard von Clairvaux

Das ehemalige Zisterzienserkloster hat seinen Ursprung in der um 1060 angelegten Stammesburg der Grafen von Berg „vetus mons“ (=Altenberg). Sie residierten etwa 500 m entfernt auf dem Bülsberg und verlegten zur Ausdehnung ihres Herrschaftsgebietes ihren Sitz an die Wupper.

Eberhard, der Bruder von Graf Adolf I. von Berg, der in das Zisterzienserkloster Morimond* eingetreten war, gab den Anstoß, den verlassenen alten Stammsitz der Grafen dem Zisterzienserorden als Stiftung zu vermachen. Dieser errichtete im Jahre 1133 auf dem Gelände der ehemaligen gräflichen Burg das Kloster Altenberg. Entsprechend ihren Lebensgewohnheiten und Bewirtschaftungsweisen verlegten die Mönche schon wenige Jahre später ihren Sitz in das „geräumige“ Dhünntal. Die 1145 geweihte erste Kirche wurde im Jahre 1259 durch den bestehenden, wesentlich größeren gotischen Neubau (1259 – 1379) ersetzt. Zu Beginn des 19. Jh. wurde die Gemeinschaft im Zuge der

Säkularisation aufgelöst und die Gebäude umgenutzt. Die im Jahre 1815 durch Brand und Einsturz geschädigte Kirche wurde 1834 – 1847 wieder aufgebaut. Das Bauwerk besticht durch seine nüchtern-strengen Linien als Ausdruck der Schlichtheit und Bescheidenheit des Ordens. Lediglich Kapitelle, Konsolen und Schlusssteine sind mit Pflanzenornamenten geschmückt. Ein Großteil der Fenster ist nach Zisterzienserart in einfachen, bläulich-grau bemalten Maßwerkformen im sog. Ornamentgrisaille gehalten. Entgegen den Vorschriften des Hl. Bernhard von Clairveaux zeigt das Westfenster aus dem Anfang des 15. Jh., das als größtes gotisches Maßwerkfenster Deutschlands gilt, figürlichen Schmuck. In weißem Glas ausgeführte Figuren, umgeben von strahlend goldgelben Baldachinen, symbolisieren das himmlische Jerusalem. Seine beiden Seitenfenster sind farblich abgestimmt, sie stammen aus neuerer Zeit. Seit 1857 wird der Altenberger Dom als Simultankirche genutzt, d. h. von Protestanten und Katholiken.
Der Altenberger Dom wird bis Mitte 2003 restauriert, er ist aber bis auf den Chorraum zugänglich. Solange ist auch das große Westfenster über der Eingangspforte nicht zu bewundern.
Die heutige Anlage umfasst die Abteikirche, die zweigeschossigen Gebäude des Klostergevierts, die im Westen und Norden noch von der Klostermauer und den Wirtschaftsgebäuden des 18. Jh. umgeben sind, die romanische Markuskapelle sowie die ehemalige Marienkapelle.

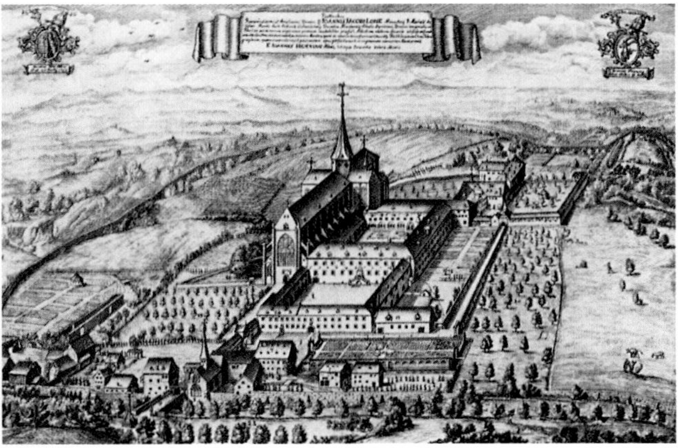

Kloster Altenberg, Kupferstich (1707)

Kräutergarten beim „Küchenhof", Altenberg

Eine wegweisende Bedeutung kommt Haus Altenberg als Zentrum der katholischen Jugend zu, von wo aus jährlich das Altenberger Licht als Stafette des Friedens am 1. Mai ausgesandt wird. Altenberg ist heute das wohl meistbesuchte Ausflugsziel im Bergischen Land. In den Klostergebäuden sind heute neben der Jugendbildungsstätte Haus Altenberg, der Altenberger Hof (Hotel und Restaurant), der Küchenhof mit Atelier, Töpferei, Pilgersaal und Kräutergarten sowie der Klosterladen untergebracht.

*Der Überlieferung nach war Gezelinus einer der Gründungsmönche Altenbergs, die 1133 von Morimond hierher kamen. Ihm vertraute der Konvent die Herden der Abtei an, die er im Dhünntal weiden ließ und in einem Stall bei Alkenrath hielt. Von hier aus nahm er an den Messen in der bescheidenen Dorfkirche in Schlehbuschrath teil. Schon zu Lebzeiten war er bei dem einfachen Volk wegen seiner tiefen Frömmigkeit und Hilfsbereitschaft sehr beliebt. Einer Legende zufolge brach im Bergischen Land eine Dürre aus. Die Bäche versiegten, Menschen und Tiere gerieten in Not. Leute der Umgebung flehten ihn an, er möge Gott um Wasser bitten. Gezelin sprach ein Gebet, stieß kräftig seinen Hirtenstab in den Boden und siehe da, dort entsprang eine Quelle. Als sein Tod nahte, war es sein Wunsch, nicht in Altenberg, sondern in seiner vertrauten Umgebung an der Dorfkirche beigesetzt zu werden. Schon bald nach seinem Tod setzte die Verehrung Gezelins mit der Wallfahrt zu der ihm zugeschriebenen Quelle bei der Gezelin-Kapelle ein, der heilende Wirkung bei Augenleiden und Kopfschmerzen zugesprochen wird. Die Gebeine des Seligen Gezelinus ruhen heute in der Pfarrkirche St. Andreas in Leverkusen-Schlehbusch, wo alljährlich am Sonntag nach Fronleichnam an der Gezelinus-Kapelle die Gezelinusoktav eröffnet wird. Am 25. Juni 2000 wurde eine Reliquie des Gezelinus nach Altenberg überführt, um an die Beziehung des Gezelinus zu Altenberg zu erinnern.

Schwarze Delle
Budde-
mühle
Pletzberg
K 18
Bechhausen
202,0
232,6
221,2
243,3
222,0
Whs Rausmühle
5
G
161,3
Eifgenbach
K 18
2
191,0
Dabringhausen
L 294
Bleimesberg
218,6
228,6
Markusmühle
6
Kump
Lüdorf
Bad
Whs
Kovenmühle
K 18
Eifgenbach
WW
232,8
231,3
Limmring
L 101
216,8
165,0

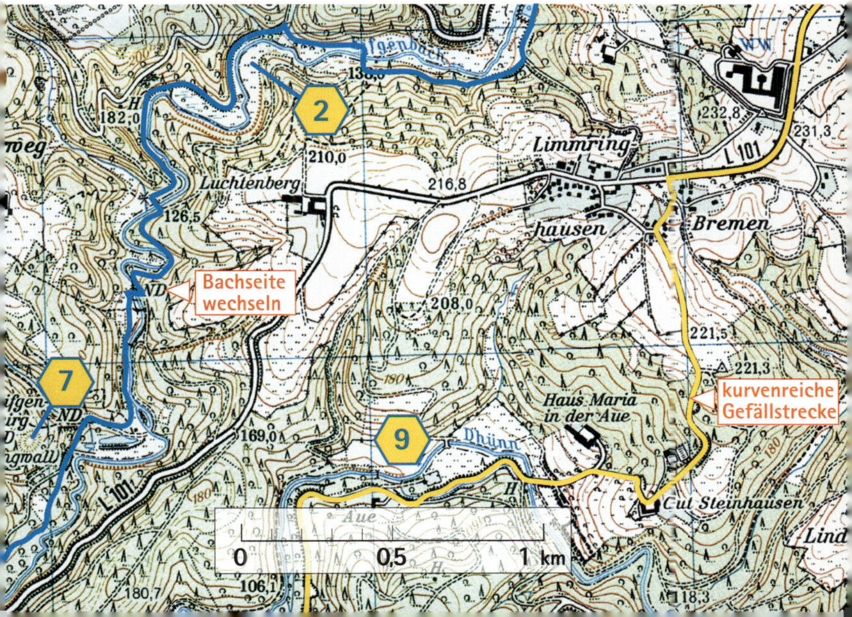

Eifgenbach
2
182,0
210,0
Luchtenberg
216,8
Limmring
WW
232,8
231,3
L 101
Bremen
126,5
Bachseite
wechseln
208,0
221,5
221,3
7
kurvenreiche
Gefällstrecke
Haus Maria
in der Aue
169,0
9
Dhünn
L 101
Gut Steinhausen
Aue
180,7
106,1
0
0,5
1 km

TEILSTRECKE

2B

ALTENBERG – ODENTHAL

Wegebeschreibung und Hinweise:

3,5 km

Schwierigkeitsgrad zu Fuß: leicht, teils auf Waldwegen, teils auf kombiniertem Rad-/Gehweg und autoarmer Anliegerstraße.
Ausgangspunkt Altenberg: In südwestlicher Richtung die L 310 unterqueren, Am Rösberg geradeaus durch das Dhünntal **9**, nach ca. 500 m links die L 101 (Altenberger-Dom-Straße) queren und rechts weiter, an Schloss Strauweiler **10** vorbei bis Farzemich, die L 101 queren, ca. 50 m auf der K 29 und links auf dem Mühlenweg an hübschen Fachwerkhäusern von Stein vorbei nach Odenthal **11**.

3 km

Schwierigkeitsgrad per Rad: leicht, überwiegend auf Radwegen.
Ausgangspunkt Altenberg: Ludwig-Wolker Straße, links kurzes Stück auf Hauptstraße (L 310) und rechts auf Altenberger-Dom-Straße (L 101) **10** nach Odenthal **11**.

Aussendung
des Altenberger
Lichts

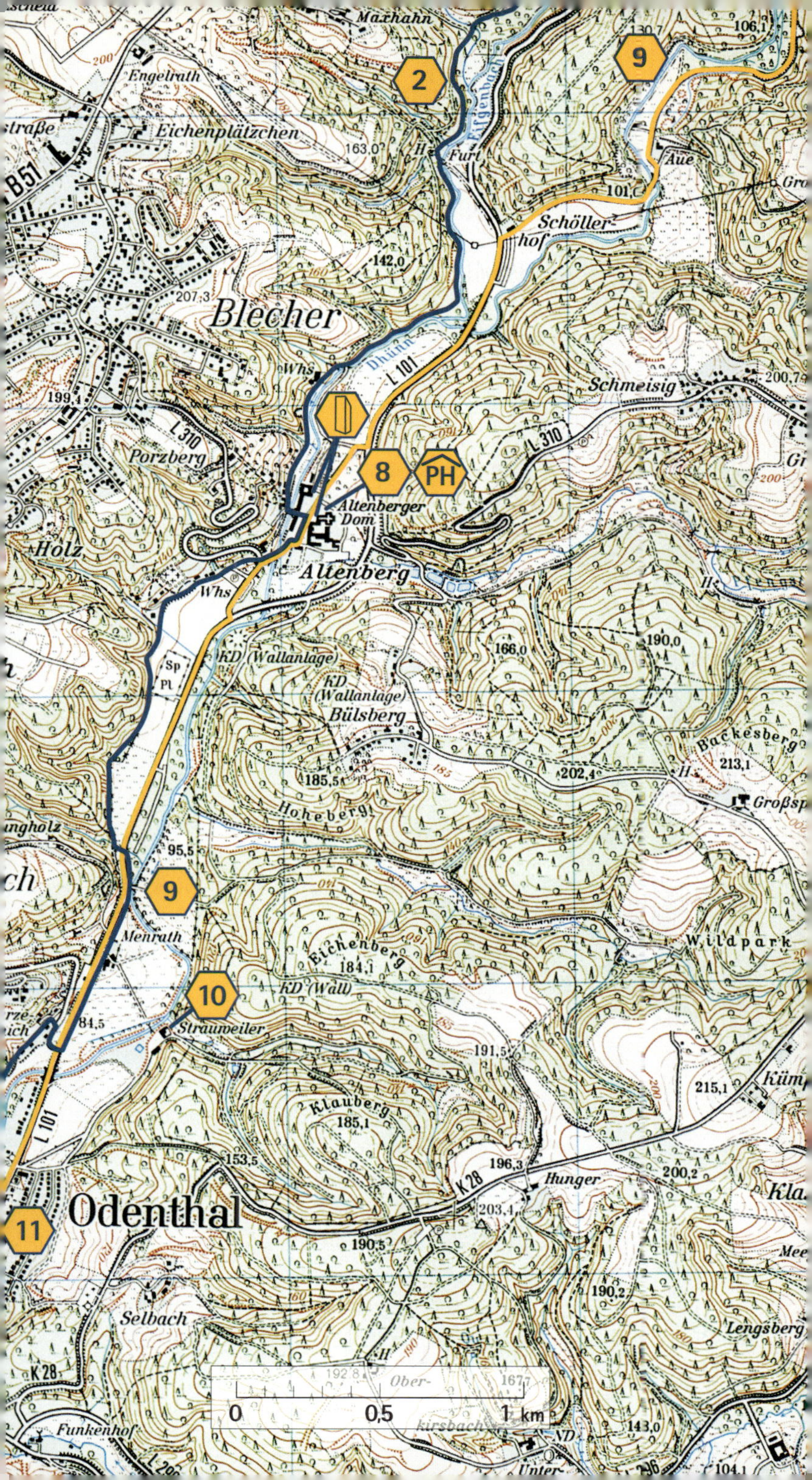

Engelrath
Eichenplätzchen
B51
Blecher
Porzberg
Holz
Altenberger Dom
Altenberg
Schöllerhof
Schmeisig
Aue
Dhünn
L 101
L 310
Bülsberg
Hoheberg
Backesberg
Menrath
Eichenberg
Wildpark
Straßweiler
Klauberg
Hunger
K 28
Odenthal
Selbach
Lengsberg
Funkenhof
Ober-kirsbach
kD (Wallanlage)
kD (Wall)
2
8
PH
9
10
11
0
0,5
1 km

9 *Dhünntal*

Dhünnaue mit Straußfarn

Östlich von von Altenberg besitzt die Dhünn, die wenige Kilometer oberhalb die Große Dhünntalsperre speist, noch deutlich Mittelgebirgscharakter. Kies- und Schotterbänke, Grauwackeschwellen, stellenweise Lehm- und Felssteilufer kennzeichnen den Bachlauf, der von einem krautreichen Eichen-Hainbuchenauenwald begleitet wird. Aufgrund ihrer besonderen Flora und Fauna stehen große Bereiche der Dhünnaue unter Naturschutz. Dank der guten Wasserqualität und der hohen Strukturvielfalt des Gewässerbettes sind hier noch Eisvogel, Wasseramsel und Gebirgsstelze zu beobachten. Auf den regelmäßig überfluteten Auenböden haben sich Pestwurzfluren mit ihren großen rhabarberähnlichen Blättern und Bestände des seltenen Straussfarns angesiedelt.

10 *Schloss Strauweiler*

Schloss Strauweiler

Das auf einer kleinen Anhöhe liegende Schloss war für die Künstler der Düsseldorfer Malerschule im 19. Jh. ein beliebtes Motiv, wenn sie von Düsseldorf per Schiff rheinaufwärts reisten und durch das idyllische Dhünntal nach Altenberg zogen. Das ursprüngliche Haus geht auf das Rittergut Udindar zurück, das auch Odenthal den Namen gab. Ältester Teil der aus verschiedenen Bauteilen zusammengewachsenen Anlage ist das aus dem 15. Jh. stammende Burghaus mit vier Ecktürmchen, zwischen denen ursprünglich der Wehrgang verlief. Heute ist das Schloss in Besitz der Familie zu Sayn-Wittgenstein, die über das Patronat mit der Kirche und Pfarre St. Pankratius Odenthal seit Jahrhunderten verbunden ist. Die Fronleichnamsprozession der Pfarrgemeinde beginnt oft mit einer Messefeier im Innenhof des Schlosses.

11 *Odenthal*

Inmitten des umfriedeten Kirchhofs erhebt sich die katholische Pfarrkirche St. Pankratius, eine der ältesten Kirchen des Bergischen Landes. Der Patron Pankratius starb 14-jährig um das Jahr 304 in Rom bei der Christenverfolgung unter Kaiser Diokletian. Die Kirche ist eine dreischiffige romanische Pfeilerbasilika, die nach dem Vorbild der Stiftskirche in Düsseldorf-Kaiserswerth erbaut wurde. Von dem im 11. Jh. errichteten Bau stammen noch der viergeschossige Westturm und die drei westlich anschließenden Langhausjoche. Der Kirchenraum ist äußerst schlicht gehalten, Pfeiler und Rundbögen weisen sparsame und einfache Zierformen auf. Über dem Portal befindet sich eine Skulptur, die ursprünglich über dem Westportal der Abtei Altenberg angebracht war (1693). Sie stellt die Muttergottes in einer Muschelnische dar und darunter ein von Löwen gehaltenes Wappen mit symbolisierten Gesetzestafeln des Moses. Bemerkenswert sind eine ungefähr 1000 jährige Glocke, die als älteste des Rheinlandes gilt, und der Taufstein, eine kostbare Arbeit des 12. Jh. Der achtseitiger Kessel in Granit wird gestützt von acht freistehenden Säulen mit Würfelkapitellen. An der Kirchhofsmauer erinnert die 40 Generationen-Tafel an das Festjahr 1993, in dem das Jubiläum „1000 Jahre Dorf und Pfarre Odenthal" gefeiert wurde.

Odenthal erlangte im 17. Jh. durch zahlreiche Hexenprozesse zweifelhafte Berühmtheit. Auf dem Dorfplatz erinnert der Hexenbrunnen mit Motiven von Folter und Hexenverbrennung an damalige Gräueltaten.

St. Pankratius, Odenthal

Kirchhof St. Pankratius mit Doppelkreuz, Odenthal

Hexenbrunnen, Brunnenrand, Odenthal

Odenthal – Köln

Der Weg verläuft ab Odenthal weiter im Dhünntal nach Schildgen mit der kath. Pfarrkirche Herz-Jesu und durch den Dünnwald mit Abstecher zur Pfarrkirche St. Nikolaus (ehem. Prämonstratensernonnen-Klosterkirche). Durch den Stadtteil Mülheim bzw. Höhenhaus und ein Stück am Rhein entlang, geht es ins Zentrum von Köln, mit seinem weithin sichtbaren Wahrzeichen, dem Dom. Östlich der Hohenzollernbrücke gegenüber von St. Kunibert kann man – wie es die Pilger im Mittelalter taten – mit dem Bötchen den Rhein überqueren. Vom Dom aus führt eine Route zu ausgewählten Kirchen im Stadtgebiet. Die Etappe ist untergliedert in 2 Teilstrecken: 3 A von Odenthal bis Köln, 3 B Pilgerweg durch Köln.

18 km

21 km

Anfahrt: ab Dom/Hbf mit Stadtbahn 16 bis Wiener Platz, Richtung Buchheim, Herler Straße, weiter mit Bus 434 bis Odenthal-Rathaus, Richtung Bergisch Gladbach S, Fahrzeit ca. 45 Min., montags bis freitags: stündlich, samstags, sonn- und feiertags nur wenige Fahrten.

Pilgerspuren...

Pilgerweg

Mit der „Hillige Stadt" Köln, dem Rom des Nordens, erreichten Pilger ein Zentrum mittelalterlicher Frömmigkeit und Reliquienverehrung. Hier gab es eigene Prozessionswege, die sich ebenso an den Riten der großen Kirchenfeste orientierten wie an den vielen Heiligen, deren sterbliche Überreste in Köln aufbewahrt und verehrt werden. Mitte des 12. Jh. war der Hohe Dom Ziel und Ausgangspunkt vieler innerstädtischer Wallfahrten. Im Jahre 1164 brachte der Erzbischof Reinald v. Dassel die Gebeine der Hl. Drei Könige als Kriegsbeute aus Mailand nach Köln. Hier wurde ihnen der größte Reliquienschrein des Mittelalters errichtet. Trotz seines Reliquienreichtums ist Köln für die Mehrzahl der Pilger nicht Ziel, sondern Durchgangsort und Station auf dem Weg nach Aachen, Rom oder Santiago gewesen. Besonders erwähnenswert ist die Tatsache, dass im Mittelpunkt eines schriftlich niedergelegten Wunders um die Heiligen Drei Könige ein Spanier steht. Dieser erklärte dem Domwächter seine Reise zum Dreikönigsschrein folgendermaßen:

„Herr, ich bin Spanier und pflege Pilger aufzunehmen, die den Heiligen Apostel Jakobus besuchen. Herr, durch diesen Heiligen bin ich vom Erhängen gerettet worden." Im Folgenden berichtet er von dem Wun-

Jakobusfenster (um 1330), Kölner Dom

Arnold von Harff vor den Hl. Drei Königen (16. Jh.), Stadtarchiv Köln

der, das dem für Jakobus überlieferten Hühnerwunder sehr ähnlich ist, bei dem allerdings ein „falscher Pilger“ ihm als Wirt ein Verbrechen unterschieben wollte. Schon zum Tode verurteilt, erkannte er durch die Hilfe der Drei Könige, denen er ein Wallfahrtsgelübde machte, den wahren Dieb, der daraufhin anstatt seiner erhängt wurde (nach Werner Schäfke: Die Wallfahrt zu den Heiligen Drei Königen in Die Heiligen Drei Könige – Darstellung und Verehrung, Köln 1982).

Nachdem sich Jakobus der Ältere im 10. Jh. zu einem beliebten Patron entwickelt hatte, wurde 1071 auch in Köln am heutigen Waidmarkt dem Apostel eine Kirche geweiht. Von den ihm geweihten Altären sind nur einige schriftlich bezeugt, so im ehemaligen Kreuzbrüderkloster, in der ehemaligen Pfarrkirche St. Brigiden und in der Stiftskirche St. Kunibert. Wenn der Heilige auch nicht zu den in Köln bevorzugten Patronen gehörte, so zählte der Jakobstag am 25. Juli doch zu den besonderen Tagen, die seit dem 13. Jh. im Kalender durch rote Schrift gekennzeichnet waren und mit einem Gottesdienst gefeiert wurden.

Da in Köln die Nachricht über das Apostelgrab in Santiago de Compostela schon früh bekannt war, ist anzunehmen, dass auf dem Kreuzzug im 12. Jh. auch Kölner das Heiligtum besucht haben. Nicht allen kam dieses Erlebnis zuteil, wie die Kölner Königschronik 1189 berichtet: Kreuzfahrer, die mit sechzig Schiffen von Köln aufgebrochen waren, wollten nach ihrer Landung in Galizien den Heiligen Jakob verehren. Die Einwohner von Santiago de Compostela verwehrten ihnen aber den Zutritt und hielten die Stadttore geschlossen, weil sie – vielleicht zu recht – befürchteten, dass die Männer das Haupt des Heiligen entwenden wollten. Schließlich war der Raub der Heiligen Drei Könige aus Mailand noch in frischer Erinnerung. Direkte Nachweise, dass Kölner Bürger nach Santiago de Compostela gepilgert sind, gibt es nur wenige. Caesarius von Heisterbach (1180-1240) berichtet beispielsweise von dem Jakobspilgerritt zweier reicher Kölner namens Sistappus und Godefridus. Der in Köln geborene Goldschmied Hans von der Gruben begleitete von Bern aus 1447-50 seinen Herrn nach Santiago. Dieses Unternehmen entsprach aber schon eher einer adligen Bildungs- oder Kavalierreise, wie sie auch Arnold von Harff in Köln antrat. Wie jedoch die Bruderschaft der Jakobspilger am Dom und die relativ große Zahl ihrer Mitglieder – immerhin 112 in fast hundert Jahren – zeigen, war die Bereitschaft der Kölner zur Pilgerreise nach Compostela größer, als die sonst überlieferten Quellen vermuten lassen.

Aus der Neuzeit ist bekannt, dass in den Kölner Pilgerspitälern Ipperwald und Johann Baptist Wallfahrer nach Santiago de Compostela Unterkunft und Verpflegung suchten (nach: Klaus Militzer, Jakobusbruderschaften in Köln, Rheinische Vierteljahresblätter 1991).

Aussendung der Sternsinger, Kölner Dom

TEILSTRECKE 3A

Odenthal – Köln

Wegebeschreibung und Hinweise

18 km

Schwierigkeitsgrad zu Fuß: leicht, ohne Steigungen, z.T. auf Feld- und Waldwegen, ab Köln-Dünnwald überwiegend auf Gehwegen; hier besteht die Möglichkeit, an der Haltestelle Odenthaler Straße mit der Straßenbahnlinie 4 bis Haltestelle Apellhofplatz oder mit der Buslinie 260 bis Dom/Hbf ins Zentrum von Köln zu fahren.

Abstecher zum ehemaligen Kloster / Pfarrkirche St. Nikolaus ca. 1 km.

Ausgangspunkt Odenthal: Die Altenberger-Dom-Straße queren (L101), im Dhünntal bis Hofgut Hoverhof **1**, links auf der Altenberger-Dom-Straße nach Schildgen, in Höhe der Herz-Jesu Kirche **2** rechts in Schlagbaumweg, links wenige Meter auf Hoppersheider Weg, rechts Leuchter Gemark geradeaus in den Dünnwald **3**, am Bach entlang, am nächsten Weg rechts über Bach, sofort links, den nächsten Weg überqueren und am folgenden Wegekreuz links dem Hauptweg folgen, geradeaus Am Jungholz, links in Berliner Straße (B 51) – ab hier ggfs. mit der Stadtbahn Linie 1 bzw. der Buslinie 260 ins Zentrum – rechts auf der Prämonstratenser Straße Abstecher zur St. Nikolaus Kirche **4**. Ansonsten weiter auf der B 51, Clevischen Ring queren, geradeaus Dünnwalder Straße, links Mülheimer Freiheit, Mülh. Brücke unterqueren, rechts Pulverturm, links Hafenstraße und rechts über Fußgängerbrükke auf Halbinsel „Jugendpark", weiter durch Rheinpark, Messe über Hohenzollernbrücke zum Kölner Dom **5**. Von hier führt eine Route zu ausgewählten Kirchen im Stadtgebiet **6-12**.

21 km

Schwierigkeitsgrad per Rad: leicht, ohne Steigungen, überwiegend auf Radwegen, z.T auf befestigten Waldwegen.

Ausgangspunkt Odenthal: Auf Altenberger-Dom-Straße nach Schildgen **1**, in Höhe der Herz-Jesu Kirche **2** rechts in Schlagbaumweg, rechts in Broicher Feld, am Ende geradeaus. auf Hoppersheider Busch durch den Dünnwald **3,** geradeaus Am Jungholz, links in Berliner Straße, rechts Prämonstratenser Straße **4**, Dünnwalder Kommunalweg – Düsseldorfer Straße queren – Stammheimer Ring, geradeaus Gisbertstraße, am Ende li Stammheimer Hauptstraße und in rechts hinunter den Rhein entlang, rechts Pulverturm, links Hafenstraße, rechts

Auenweg, hinter Zoobrücke rechts und über Hohenzollernbrücke zum Kölner Dom **5**. Von hier führt eine Route zu ausgewählten Kirchen im Stadtgebiet **6-12**.

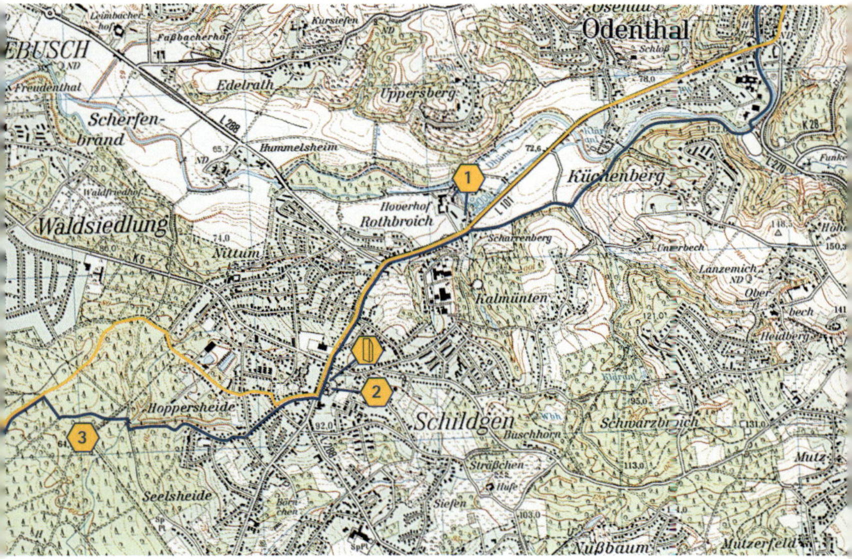

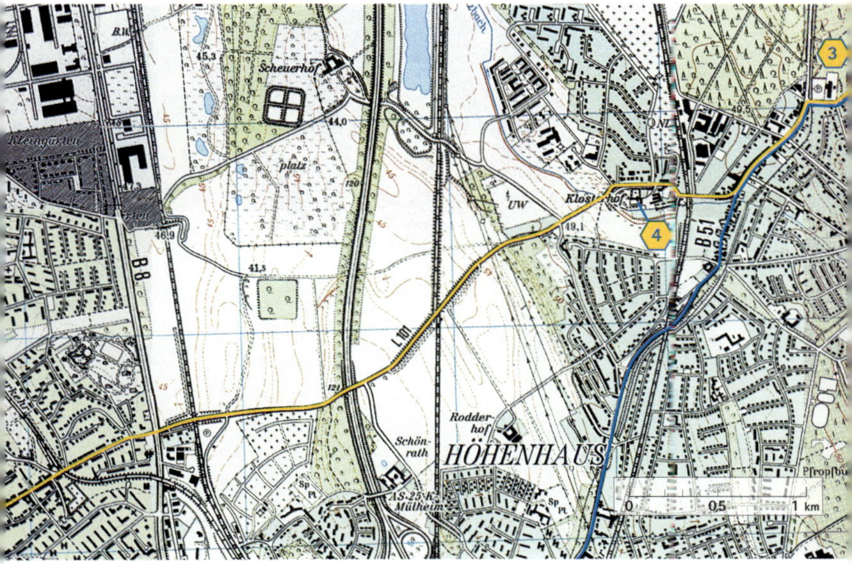

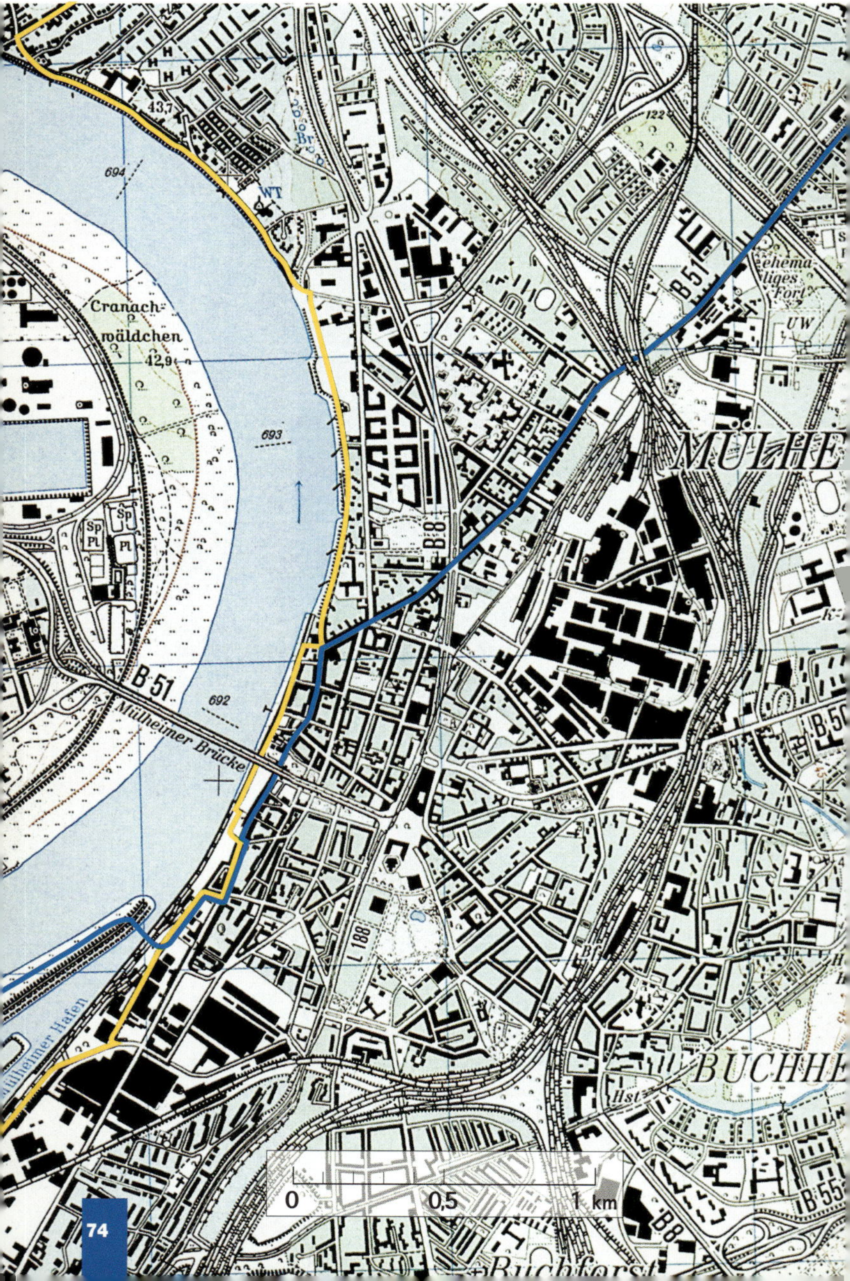
Cranach-
wäldchen
42,9
43,7
694
693
692
WT
B 51
Mülheimer Brücke
Mülheimer Hafen
B8
L 188
ehemaliges Fort
UW
MÜLHE
BUCHHE
Hst
B55
Buchforst
0
0,5
1 km

1 *Hoverhof / Hover Mühle*

Nordöstlich von Schildgen liegt der Hoverhof mit der Hover Mühle, ein Fachwerkensemble der Wende des 18. zum 19. Jh. An der ehemaligen Getreidemühle nahe der Straße, in der heute landwirtschaftliche Produkte verkauft werden, sind noch Relikte des von der Dhünn abgeleiteten Mühlengrabens sowie die Mühlenteiche erhalten. Ca. 100 m weiter nordwestlich liegt der Hoverhof, eine mehrflügelige Anlage mit altem Wohnhaus.

2 *Herz-Jesu Kirche*

Herz-Jesu Kirche, Schildgen

Der orientalisch anmutende Sakralbau erinnert an die vieltürmige Stadt Jerusalem und die Klagemauer. So kann auch in der Dreigliederung der Kirche ein Bezug zu den drei Räumen des Tempels in Jerusalem hergestellt werden: Der Hof, das Heiligtum und das Allerheiligste entsprechen bei der Herz-Jesu Kirche dem Hof, dem Atrium und dem Kirchensaal. Gläserne Wände sorgen für transparente, fließende Übergänge. Dort, wo Sakramente gespendet werden, erheben sich spitze Türme, so über dem Altar der mächtige Hauptturm mit der Königskrone Christi, über beiden Beichtstühlen und über der Taufkapelle. Zusammen mit dem hohen Glockenturm im Hof und dem Türmchen über dem Eingangsportal mit dem Hl. Sebastianus in der Nische, bestimmen sie das äußere Bild des Kirchenbaus. Besonders eindrucksvoll ist der verglaste Innenhof, auch Paradies genannt, mit seinen von Dornenkränzen umgebenen bronzenen Kreuzwegstationen. Die Herz-Jesu Kirche entstand 1959 nach dem Entwurf des Kölner Architekten Gottfried Böhm, Sohn des Dominikus Böhm; sie ist wie die Wallfahrtskirche in Neviges, in Sichtbeton, ein besonderes Markenzeichen des Architekten, erbaut.

3 Dünnwald

Der Dünnwald gehört zum Landschaftsraum der Wahner Heideterrasse, die als drei bis fünf Kilometer breiter Streifen zwischen der Niederterrasse und den Bergischen Hochflächen liegt. Mit dem Ausklingen der letzten Eiszeit wurde aus den unbedeckten kiesig-sandigen Schotterfluren des Rheins feinkörniges Material wie Sand und Schluff ausgeblasen und auf der benachbarten Mittelterrasse abgelagert, wo er eine Stärke von 1-1,5 m erreichte und stellenweise zu Dünen umgelagert wurde. Der mittelalterliche Name „Duinewalt“ = Dünenwald weist auf die von Wald bedeckten Dünen hin. Die Rodesiedlung Dünnwald erhielt vom Prämonstratenserinnen-Kloster bis zu dessen Auflösung 1803 die Rechte der freien Viehhut und des Streuholens auf „Stock und Sprock“, d.h. Wurzelstöcke und abgefallenes dürres Holz oder Reisig. Die Übernutzung der Eichen-Birken und Buchen-Eichenwälder führte zu großflächiger Verheidung. Erst zu Beginn der preußischen Herrschaft begann die geregelte Forstwirtschaft. Da auf den ausgelaugten, verheideten Standorten eine Neubegründung mit Eiche und Buche nicht sofort möglich war, kamen insbesondere anspruchslose Kiefern, z.T. auch Fichten aus Saatgut zum Einsatz. In jüngerer Zeit ist man bemüht, die Nadelholzforste sukzessive wieder in heimischen Laubwald umzuwandeln.

4 St. Nikolaus

St. Nikolaus, Köln-Dünnwald

Eine vollständig erhaltene Umfassungsmauer kennzeichnet noch heute den Bezirk der ehemaligen Klosteranlage, die 1118 durch Ritter Heidenreich* gegründet und Mitte des 12. Jh. von Prämonstratensernonnen aus Steinfeld übernommen wurde.

Das Kloster erlangte eine große Bedeutung als adeliges Damen-

Apostelzyklus, Sakristei, St. Nikolaus, Köln-Dünnwald

stift. Reiche Schenkungen machten es in kurzer Zeit vermögend, so dass ab 1144 Gründungen von Tochterklöstern in Böhmen und Mähren sowie in Füssenich bei Zülpich erfolgten. Über mehrere Jahrhunderte war der Ort ein wirtschaftliches und kulturelles Zentrum. Viele Laien wurden hier in der Landwirtschaft und im Handwerk ausgebildet oder fanden eine Arbeitsstelle im Kloster oder in den dazugehörigen Gutshöfen. Entsprechend den gewandelten Bedürfnissen erfuhr die ursprünglich romanische Basilika im Laufe der Jahrhunderte viele Umbauten und Veränderungen, so z.B. die Erweiterung nach Westen um zwei Langhausachsen und die Turmfassade mit der Nonnenempore (1143), den Neubau des nördlichen Seitenschiffes (1346) und des südlichen Seitenschiffes (1875) in historisierenden Formen der Romanik. Im 17. Jh. erfolgte eine Umgestaltung der Kirche unter dem Einfluss des Jesuitenbarocks. Von dieser Barockausstattung ist noch erhalten: der Blasiusaltar im nördlichen Seitenschiff, die geschwungene Kommunionbank und ein Beichtstuhl, das Altarkreuz sowie die Heiligenfiguren des Nikolaus und des Norbert zu beiden Seiten des Altarraumes. Der für eine Klosterkirche in Größe und Form sehr aufwendige Bau spiegelt seine hohe Bedeutung wider und lässt Parallelen zum Prämonstratenserinnenkloster in Wenau erkennen (s. S. 140f). Von dem südöstlich der Kirche gelegenen Klostergebäude ist nur noch der zweigeschossige Ostflügel (1620) erhalten.

Besonders interessant ist eine 1948 freigelegte und in den 70er Jahren umfangreich restaurierte Wandmalerei in der Sakristei aus der Zeit um 1470 mit der Darstellung der hl. Sippe, der Verkündigung Mariens und dem Apostelzyklus mit Jakobus dem Älteren (major), Johannes, Thomas und Jakobus dem Jüngeren (minor). Reiche Distelrankenmalereien schmücken das spätgotische Rippengewölbe.

* Über die Entstehung des Klosters Dünnwald gibt es folgende Legende: Im Dünnwald lag einst eine alte Kapelle, zwischen deren morschen Mauern ein Bildnis des Erlösers stand und zu dem jahrein, jahraus Scharen frommer Wallfahrer zogen. Eines Tages wurde die Andacht der Pilger plötzlich durch gellende Hilferufe unterbrochen. Ritter Heiden-

reich, der sich auf dem Pilgerweg befand und unbewaffnet war, stürzte in die Kapelle, um dort vor den Feinden Zuflucht zu suchen. Voller Dank für seine Rettung kniete er vor dem Bildnis nieder. Einer der Räuber achtete aber nicht den heiligen Ort und hob das Schwert zum tödlichen Streich. Doch welch ein Wunder! Der Schlag hatte die Hände des Erlösers getroffen und war am Nagel des Gekreuzigten zerschellt. Angesichts der begangenen Freveltat packte den Räuber das Entsetzen und er flüchtete aus der Kapelle. Ritter Heidenreich, vom sicheren Tod bewahrt, stiftete aus Dankbarkeit gegen Gott an diesem Ort ein prächtiges Gotteshaus und ein großes Kloster.

5 *Kölner Dom*

Kölner Altstadt
mit Dom

A worthy woman all her life, what's more
She'd had five husbands, all at the church door,
Apart from other company in youth;
No need just now to speak of that, forsooth.
And she had thrice been to Jerusalem,
Seen many strange rivers and passed over them;
She 'd been to Rome and also to Boulogne,
St. James and Compostela and Cologne.

Ein wackres Weib ein Leben lang sie war,
Sie führte schon fünf Männer zum Altar;
Wie sie sich ergötzt in jüngren Tagen,
davon will ich für jetzt nichts weiter sagen.
Dreimal war sie zum Heiligen Grab gezogen,
durchschiffte manches fremden Stromes Wogen.
War in Boulogne, war im heiligen Rom,
war in Santiago und im Kölner Dom.

Geoffry Chaucer: The Canterbury Tales 1387

Mit dem Reliquienschatz der Heiligen Drei Könige und dem Bau des gotischen Doms als Abbild des himmlischen Jerusalems rückte Köln

zu einem der größten Wallfahrtszentren auf, das nun – wie in dem Prolog der Canterbury Tales – in einem Atemzug mit Rom und Compostela genannt wurde. Der Kölner Dom gehört zu den imposantesten gotischen Bauwerken der Welt. In bewusstem Kontrast zu dem bis dahin in der Architektur der Stadt vorherrschenden Bauformen der Romanik beruft er sich auf die französische Kathedralgotik nach dem Vorbild von Amiens. 1248 wurde der Grundstein für die jetzige Kirche gelegt. Das neue Gotteshaus wurde bis 1560 in weiten Teilen errichtet, dann legte man die Baustelle still. Der hölzerne Baukran auf dem Petersturm wurde zu einem Wahrzeichen der Stadt. Erst die Romantik des 19. Jh. und das Aufleben des Nationalbewusstseins führten zur Vollendung des Baus 1842-80. Noch heute werden alle Staatsgottesdienste im Kölner Dom gelesen und nicht in Berlin oder dem Frankfurter Dom.
Eine mächtige fünfschiffige Anlage mit Querschiff, Chorumgang und Kapellenkranz im Osten wird im Westen von einer großen Zweiturmfront mit drei Portalen begrenzt. Einzig das Petersportal und sein Figurenschmuck stammt aus dem Mittelalter, die beiden anderen sind erst im 19. Jh. entstanden. Rechts außen steht Jakobus, eine Pilgermuschel in der Hand (Abb. S. 15). Den Petersturm kann man besteigen und erhält auf der Plattform einen wunderbaren Rundblick.
Im Inneren des Doms bilden dreigeschossige Wände das 43 m hohe Mittelschiff. Die Arkaden öffnen in die Seitenschiffe, die im Norden von mittelalterlichen Fenstern belichtet werden. Hier befindet sich unmittelbar am Querhaus der Mitte des 14. Jh. für das Kloster der Klarissen geschaffene Clarenaltar. Bei vollständiger Öffnung an hohen Feiertagen ist der goldene Schrein mit Christus, den zwölf Aposteln – Jakobus mit Gewandmuschel – und zwölf Reliquienbüsten Ursulanischer Jungfrauen zu besichtigen. Im Südschiff herrschen die warmen Farben der sog. „Bayernfenster" vor, die Ludwig I. von Bayern 1848 stiftete. Der Chor stammt vollständig aus der frühgotischen Bauphase. Einen ersten Höhepunkt der Bildhauerkunst der Kölner Dombau-

Jakobus, Chorpfeilerfigur, Kölner Dom

Hispania mit Santiago de Compostela, Fußbodenmosaik, Kölner Dom

schule stellen die um 1275 entstandenen Plastiken von Christus, Maria und den zwölf Aposteln an den Chorpfeilern dar, unter ihnen Jakobus d. Ä. mit Buch und Pilgerstab. Steinerne Schranken umfassen das Chorgestühl und den 1322 geweihten Hochaltar, in dessen Maßwerkarkaden kleine Apostelfiguren aus Carraramarmor stehen (Abb. S. 130). Auf Ihm steht in Form einer dreischiffigen Basilika der Dreikönigsschrein, der größte und prächtigste im Land zwischen Rhein und Maas. Seit dem Mittelalter finden sich Pilgerströme am Schrein der Weisen aus dem Morgenland ein, deren Fest am 6. Januar begangen wird. Von hier werden nach einem alten Brauch Anfang Januar Drei Könige als Sternsinger ins gesamte Erzbistum ausgesandt, um den Menschen Gesundheit, Glück und Gottes Segen für das Neue Jahr zu wünschen. Da die vom Stern Geleiteten sicher und rasch nach Bethlehem geeilt waren, stellten sich zu allen Zeiten besonders die Reisenden unter ihren Schutz. Auch der rheinische Ritter Arnold von Harff vertraute sich 1496 vor Antritt seines Weges nach Santiago dem Schutz der Heiligen an (Abb. S. 70). Auf der Stirnseite des Schreins wird Jesus in drei Erscheinungsformen gezeigt: als Kind in der Krippe, als Täufling im Jordan und im oberen Teil als Weltenrichter mit den Aposteln als Beisitzern. Ausgestattet mit ihren Attributen sowie einem Modell ihrer jeweiligen Ortskirche hält Jakobus die Kathedrale von Compostela auf seinem Schoß (Abb. S. 130). Sie begegnet dem Besucher ein weiteres Mal, wenn er gegenüber der Maternuskapelle einen Blick auf das Fußbodenmosaik des 19. Jh. in den Chorinnenraum wirft: hier präsentiert das personifizierte Spanien Santiago als eine der acht Hauptkirchen

der alten Welt. Als die Achskapelle 1322 den Dreikönigsschrein aufnahm und der Chorumgang somit für die Pilger geöffnet werden musste, wurden alle Chorkapellen zu Stationen eines Pilgerweges. Die optische und inhaltliche Verklammerung bildeten dabei die wichtigsten Heiltümer aus dem alten Dom: das Gero-Kreuz, der Dreikönigsschrein und die heute noch vielbesuchte Mailänder Madonna. Im Zuge der Umgestaltung wurde die Jakobuskapelle, die heute Maternus geweiht ist, als Station des Pilgerumgangs eingerichtet. Das aus dieser Zeit erhaltene Jakobusfenster zeigt drei Szenen aus seinem Leben: das Verhör von Herodes Agrippa, die Taufe des Josias und die Enthauptung des Apostels. (Abb. S. 68). „Köln wird hier mit Santiago de Compostela, dem berühmtesten Pilgerort der Christenheit, in Verbindung gebracht. Dem Wallfahrer sollte vielleicht sogar durch das Bild vermittelt werden, dass er auch im Kölner Dom zumindest einen Teil der Gnadenfülle einer Pilgerfahrt nach Santiago erlangen könne." (Rolf Lauer in: Dombau und Theologie im mittelalterlichen Köln, 1998). Am Vortag des Namenstages und am 25. Juni selbst feierten die Mitglieder der Jakobusbruderschaft am hiesigen Jakobusaltar die Messe. 1406 hatten sich in ihr Männer zusammengeschlossen, die schon einmal nach Santiago gepilgert waren. Nicht mehr erhalten ist der Bruderschaftsbalken, der zwischen die Säulen der Kapelle gespannt war. Ähnlich wie bei dem noch vorhandenen Schneiderbalken neben dem Gero-Kreuz war ein schmiedeeisernes Gitter auf ihm angebracht, auf dessen Spitzen zur Feier der Messe Kerzen brannten.

Jakobusaltar, Kölner Dom

Pilger auf dem Kannengießerbalken, Kölner Dom

TEILSTRECKE **3** B

Pilgerweg durch Köln

Wegebeschreibung und Hinweise

3,5 km

3,5 km

Der Pilgerweg umfasst sieben ausgewählte Kirchen:

6 St. Kunibert, Kunibertsklostergasse

7 St. Ursula , Ursulaplatz

8 St. Mariä Himmelfahrt, Marzellenstraße

9 St. Maria im Kapitol, Kasinostraße

10 Ehemals St. Jakobus, Waidmarkt

11 St. Peter, Jabachstraße und St. Caecilien / Museum Schnütgen, Cäcilienstraße

12 St. Aposteln, Apostelnkloster / Nähe Neumarkt

Als zusätzlicher Plan zur Karte 3c empfiehlt sich der Gratis-Stadtplan von Köln mit der Darstellung der Kirchen, erhältlich im Köln Tourismus Office gegenüber dem Dom.

Älteste topografische Darstellung Kölns (1411), Wallraf-Richartz-Museum, Köln

KÖLN
DEUTZ
Rheinpark
Messe-
hallen
Bastei
Kunibertsturm
Hohenzollern-
brücke
Dom
Deutzer Brücke
Severinsbrücke
Mediapark
Stadt-
garten
Bf K-West
Bf K-Deutz
Gbf Deutzerfeld
Aachener Weiher
B 9
B 51
B 55
B 59
L 111
6
7
8
5
9
10
11
12
i
JH
JH
PH
PH
PH
0
0,5
1 km

6 *St. Kunibert*

St. Kunibert geht auf ein vorchristliches Brunnenheiligtum zurück, dessen Spuren noch heute unter der Krypta mit dem Namen Kunibertspütz zu sehen sind. In Köln kommen – so heißt es – die Kinder aus diesem Brunnen. Im 7. Jh. gründete Kunibert hier eine dem Wasserheiligen Clemens geweihte Kirche. Die heutige Kirche ist die jüngste der vielen romanischen Sakralbauten Kölns. 1247, ein Jahr vor der Grundsteinlegung des Kölner Doms, wurde die dreischiffige Gewölbebasilika fertiggestellt. Die Choranlage steht in der Tradition der romanischen Apsiden des Rheinlandes mit einer Zwerggalerie über einem Plattenfries. Das mächtige Westquerhaus mit dem mittelschiffbreiten Turm wurde erst in den letzten Jahren wiederhergestellt und nimmt die Bauformen des Umbaus nach 1440 auf. Das Kircheninnere führt im dreigeschossigen Aufbau die Bautraditionen anderer romanischer Kirchen Kölns fort. In der Basilika ließ Pippin der Mittlere 687 die Brüder Ewald, angelsächsische Missionare, beisetzen. Ihr Grab war eine der wichtigsten Pilgerstationen im mittelalterlichen Köln. Der Hochaltar wird vom Kunibert- und vom Ewaldschrein eingefasst, die im 19. Jh. als Ersatz für die untergegangenen Reliquiare angefertigt wurden. Die farbigen Glasfenster des 13. Jh. sind die ältesten Kölns und die bedeutendsten dieser Epoche im Rheinland. Bis zum Einsturz des Westquerbaus im 19. Jh. stand dort ein Jakobusaltar, der die Kirche ebenfalls als Station des Pilgerweges ausweist. Er war der liturgische Mittelpunkt der Jakobusbruderschaft an St. Kunibert, die als Gebetsbruderschaft im 15. Jh. gegründet wurde. Nach seiner Restaurierung wird er bald wieder den Weg der Jakobspilger durch Köln bereichern. Eine aus dem Kunibertsstift stammende barocke Jakobusstatue befindet sich heute in St. Dionysius in Köln-Longerich. Neben den mittelalterlichen Skulpturen von hohem Rang

Jakobusaltar aus St. Kunibert, Köln, bei der Restauratorin

ist besonders der Johannesaltar im Südteil des Ostquerhauses hervorzuheben. Als Zeugen der Auferstehung sind auf dem Altarbild rechts der Hl. Kunibert mit dem Modell seiner Kirche und links der Hl. Arnold von Arnoldsweiler (s. S. 122) sowie auf der linken Seite die Hl. Ursula mit ihren Gefährtinnen dargestellt. Die Reste des bedeutenden Kirchenschatzes sind seit dem Bau der einsehbaren Heiltumskammer im Nordteil des Westquerschiffes zum großen Teil ausgestellt.
Im Pfarrbezirk von St. Kunibert wurde 1030 der Hl. Bruno geboren. Nach dem Besuch der hiesigen hochangesehenen Stiftsschule ging er nach Frankreich, wo er mit sechs Gefährten die Gemeinschaft der Kartäuser gründete, die sich durch das Leben in eremitischer Einsamkeit in die Nachfolge der Wüstenväter stellte. Die so motivierten 7 Sterne im Kartäuserwappen umgeben zur Erinnerung an Brunos Herkunft heute die Turmspitze.

7 *St. Ursula*

Goldene Kammer, St. Ursula, Köln

Neben dem Dom galt St. Ursula als zweitwichtigstes Pilgerziel des heiligen Köln. Ihre hohe Wertschätzung spiegelt sich auch im Kölner Stadtwappen; unter den Kronen der Hl. Drei Könige repräsentieren elf Flammen die Seelen der angeblich elftausend Jungfrauen, die die britannische Königin auf ihrer Pilgerfahrt nach Rom begleiteten. Auf der Rückreise wurde sie mit ihren Gefährtinnen um 453 in Köln von den Hunnen, die unter König Attila die Stadt belagerten, getötet. Die Kirche zu Ehren der Märtyrerinnen errichtete der Senator Clematius auf einem römischen Gräberfeld.
Bereits 866 wird hier ein Stift errichtet. Anstelle des romanischen wird im 13. Jh. ein gotischer Chor in Gestalt eines Reliquienschreins gebaut, um Raum für die unzähligen Gebeine zu schaffen, die auf dem „ager Ursulanus“ geborgen

wurden. Seine elf Fenster nehmen die Zahl der Ursulalegende auf. Vergitterte Nischen im Chor wurden mit den Gebeinen der Jungfrauen aufgefüllt. Auf Pfeilern standen hinter dem Altar die Schreine der Hl. Ursula, des Hl. Aetherius, ihres christianisierten Ehemanns, und des römischen Märtyrers Hippolyt. Pilgerscharen zogen unter ihnen hindurch, um so des Heils der Heiligen teilhaft zu werden. Auf dem linken der neugotischen Fenster des Chors, die von dem englischen Glasmaler Dixon stammen, begegnet dem Pilger der Hl. Jakobus. Zu der bedeutenden Ausstattung der Kirche zählt ein Apostelzyklus mit zehn von ursprünglich zwölf Tafelmalereien des 13. Jh., darunter auch Jakobus (voraussichtlich bis 2002 im Depot). Eines der beeindruckendsten Beispiele barocker Reliquienverehrung ist die 1643 angebaute Goldene Kammer. Hier steht der Betrachtende nicht mehr vor, sondern im Zentrum der Heiligenschar. Ihre Gebeine bedecken kunstvoll präsentiert, erschreckend und faszinierend zugleich, die ganzen Wände. Zahlreiche Nischen sind gefüllt mit Holz-Büstenreliquiaren, die durch den Ursulakult weit über Köln hinaus Verbreitung fanden.

Ursulanische Büsten und Parlerbüste, St. Ursula, Köln

„Ein eigner seltsamer Geruch fiel beim Eintritt in das nicht große kapellenartige Gemach mir auf, der von der eingeschlossenen Luft und früherem Weihrauchsdampf herrühren mochte, denn ein kleiner Altar steht in demselben, vor welchem vermutlich zuweilen Messe gelesen wird. Als wir aber, nicht ohne einen kleinen Schauder zu empfinden, die seltsame Verzierung der Wände bemerkten, konnten wir nicht umhin, diese, den Atem beklemmende Luft einer anderen Ursache zuzuschreiben. Viele Tausende unendlich zarter menschlicher Gebeine sind hier recht zierlich in verschiedenartigen Mustern dicht aneinandergefügt und bekleiden alle Wände von oben bis unten mit dem seltsamsten schauerlichsten Mosaik, das sich nur denken läßt. Es sind die Überreste der heiligen Jungfrauenschar ..."

Johanna Schopenhauer, Ausflug an den Niederrhein und nach Belgien im Jahre 1828.

Reliquien

Reliquien (lat.: reliquiae = Überreste) sind Gebeine von Heiligen oder Seligen. Aber auch persönliche Hinterlassenschaften wie Kleidung, Gebrauchsgegenstände oder Leidenswerkzeuge, die in die Verehrung mit einbezogen wurden, gelten als Reliquien. Ihre Bedeutung gewinnen sie durch den Glauben, dass die Heiligen in ihnen gegenwärtig sind und über sie Wunder zu bewirken vermögen. Nach ihrem religiösen Wert unterscheidet man Reliquien erster und zweiter Ordnung. Als Primärreliquien bezeichnet man alle körperlichen Relikte der Heiligen: Knochen, Zähne, Nägel oder Haare. Diese konnten durch Teilung vermehrt werden. Unter dem Begriff Sekundärreliquien subsumiert man alle Objekte, die mit dem Heiligen zu Lebzeiten eng verbunden (z.B. Kleider, Schreibutensilien, Marterwerkzeuge) oder an Primärreliquien sowie dem Grab des Heiligen berührt worden waren. Bei solchen, auch als Kontaktreliquien bezeichneten Objekten glaubte man an eine ausschließlich ganzheitliche Übertragung der Heilswirkung, weshalb bei ihnen auf Teilungen verzichtet wurde.

Jakobus-Reliquiar, St. Jakobus, Niederkassel-Lülsdorf

ehem. Büstenreliquiar des Hl. Geroldus, Stadtmuseum Köln

Reliquiare sind künstlerisch gestaltete Reliquienbehälter, die die Kostbarkeit des Inhalts in ästhetisch ansprechender Weise präsentieren. Seit dem 8. Jh., nach der ersten großen Welle der Translatationen, bilden Reliquienschreine unter (Krypta) oder auf dem Altar den sakrosankten Mittelpunkt der Kirchen. Mit dem Aufkommen der Reliquienteilungen im 9. Jh. erweiterten sich die gestalterischen Möglichkeiten der Goldschmiede ganz erheblich. Reliquienkästchen unterschiedlichen Formats, aber auch Werke der Plastik, in die rückwärtig eine Kammer (Depositorium) zur Aufbewahrung der Reliquien eingefügt wurde, konnten nun als Fassung bzw. Umhüllung der Partikel dienen. Im 11. Jh. traten sogenannte 'redende Reliquiare' hinzu, das sind Kopf-, Hand Arm- oder Fußreliquiare, deren Form auf die Art der umschlossenenen Reliquienpartikel wies. Eine zunehmend persönliche Auffassung, die den direkten Kontakt zu dem in der Reliquie gegenwärtigen Heiligen suchte, führte im 12. Jh. dann zur Form des Reliquienostensoriums, ein mit einem Glas- oder Kristallzylinder ausgestattetes Reliquiar, das seinen kostbaren Inhalt den Blicken freigibt.

(aus Schnütgen-Museum: Wege durch die Sammlung, 2, Reliquien – Reliquiare von Ulrich Bock, Köln o. D.)

8 *St. Mariä Himmelfahrt*

St. Mariä Himmelfahrt, Köln

Eingebettet in die Straßenfront stehen die beiden Westtürme der Kirche St. Mariä Himmelfahrt, hinter der die imposante Fassade etwas zurückspringt. Diese ehemalige Jesuitenkirche ist eines der bedeutendsten Beispiele barocker Architektur und architektonischer Ausdruck der Gegenreformation. Als 1544 die ersten Mitglieder der „Gesellschaft Jesu", die Ignatius von Loyola zehn Jahre zuvor gegründet hatte, nach Köln kamen, wurden sie (zunächst spöttisch) Jesuiten genannt. Ein Schrein mit der Toga des Heiligen Ignatius, der sich als Leihgabe im Diozösanmuseum befindet, stellt ausführlich seine Wandlung vom spanischen Offizier zum Pilger dar. Erst 1618 konnten die Patres mit finanzieller Unterstützung des bayerischen Kurfürsten und Jesuitenfreunds mit dem Bau der Kirche beginnen.

Die dreischiffige Emporenbasilika vereint alle Stilmittel, die in der Kölner Bautradition für den althergebrachten 'richtigen' Glauben stehen. Die Türme im romanischen Stil flankieren eine Fassade, die mit einem großen Fenster im gotischen Stil an diese Epoche erinnern. Im Innern überspannt ein prächtiges gotisches Netzgewölbe eine romanische Emporenbasilika, die im Osten mit einem gotischen Hochchor abschließt. Einen Großteil der Inneneinrichtung schuf der aus Augsburg stammende Jeremias Geisselbrunn. So auch den Figurenzyklus der zwölf Apostel vor den Rundsäulen des Mittelschiffs; Jakobus ist am Pilgerstab zu erkennen. Die vielfältigen barocken Elemente am gesamten Bau sind nicht zuletzt dank ihrer prächtigen Gold- und Farbfassungen ein ins Auge fallender gegenreformatorischer Ausdruck für die theologischen Erneuerungen nach dem Konzil von Trient. Die Betonung der Eucharistie, der Predigt und der Beichte finden in der Ausstattung ihren Niederschlag. Der im Zweiten Weltkrieg bis auf wenige Teile zerstörte rekonstruierte barocke Tabernakel birgt zwischen seinen gedrehten Säulen eine anmutige Jakobusfigur mit Pilgermuscheln auf dem Gewand. Eine seltenere Darstellung des Apostels mit seinem Marterwerkzeug, dem Schwert, zeigt das Ölgemälde im südlichen Nebenchor. Auch die Kirche Mariä Himmelfahrt war ein Zentrum der Reliquienverehrung. In der Hoffnung auf eine Erneuerung aus den Kräften der mittelalterlichen Kirche knüpfte man hiermit an überkommene Frömmigkeitsformen an. Die Jesuiten, die bis 1562 ihre Gottesdienste in der Goldenen Kammer von St. Ursula abgehalten hatten, sahen im Chor ihrer eigenen Kirche von Gemälden verdeckte Nischen vor. In ihnen waren bis zur Zerstörung im Zweiten Weltkrieg zahlreiche Reliquien ausgestellt, die bei Abnahme der Bilder an Feiertagen sichtbar wurden. Wie in St. Ursula war die bevorzugte Form der Fassung die Büste, von denen die Kirche 21 silberne Exemplare besaß. Zu ihnen zählte auch die verschollene Büste des ersten Kölner Santiago-Pilgers Geroldus, von der nur noch ein Kupferstich im Stadtmuseum zeugt (Abb. S. 87). Der aus Köln stammende Märtyrer Geroldus (geb. 1201) wurde nach einer Bußwallfahrt nach Compostela und Rom 1241 auf dem Weg nach Jerusalem in Cremona erschlagen. Er wurde insbesondere bei Fieber um Hilfe gebeten.

9 *St. Maria im Kapitol*

Vom Rhein kommend nähert man sich der Schauseite der Dreikonchenanlage von St. Maria im Kapitol. Hier lag einst der Friedhof des Stifts, durch dessen Dreikönigspförtchen die Gebeine der drei Weisen aus dem Morgenland zum Dom geleitet wurden. Vorbei am Mahnmal der Trauernden, das Gerhard Marcks 1949 zur Erinnerung an die Gefallenen des Zweiten Weltkriegs schuf, betritt man die Kirche durch den Kreuzgang. Wie der Name Maria im Kapitol verrät, steht sie mit dem Mittelschiff und Teilen der Vierung auf der Bodenplatte der Cella des römischen Capitoltempels. In ihm wurden – außerhalb der römischen Stadtmauer auf einem kleinen Hügel – Jupiter, Juno und Minerva verehrt. Der Kirchenbau gehört zu den schönsten und mächtigsten Imperialbauten des 11. Jh. Bauherrin war Ida, Enkelin Kaiser Ottos II. und der byzantinischen Prinzessin Theophanu. 1065 geweiht, begründete sie

Fenster mit Jakobus, Ursula und Gereon, Maria im Kapitol, Köln

die hundert Jahre später einsetzende Kölner Bautradition der Kleeblattchöre (Trikonchos), die am ganzen Niederrhein von Roermond über Neuss bis Schwarzrheindorf und Bonn, vor allem aber in Köln, Verbreitung fand und die auch Idas Schwester Richeza für Brauweiler aufgriff (s. S. 105 f). In den Ausmaßen folgt die kleeblattförmige Anlage exakt der Geburtskirche Jesu in Bethlehem, deren Kenntnis womöglich von Pilgern aus dem Heiligen Land rührte. Diese Tatsache begründet auch die frühere Tradition des Kölner Erzbischofs, die erste Weihnachtsmesse in Maria im Kapitol zu feiern, die Josef Kardinal Höffner 1984 aufgriff. Ein auch um die Konchen (muschelförmige Anbauten von lat. concha „Muschel") herumgeführtes Seitenschiff umklammert den gesamten Kirchenbau bis auf den nach außen hin kaum in Erscheinung tretenden Westbau. Dort zeigt im Inneren das sog. „Aachener Motiv", eine hohe Bogenöffnung mit eingestelltem Querbalken und vier Säulen nach dem Vorbild des Obergeschosses im Aachener Dom, den kaiserlichen Anspruch der Gründerfamilie an. Die Nutzung des Obergeschosses war den Herrschern bzw. der den Ottonen verwandten Äbtissin Ida vorbehalten. Die ursprüngliche Einwölbung wurde bei der Restaurierung zugunsten einer stilisierten Flachdecke aufgegeben. Die Großartigkeit des Raumerlebnisses wird durch den unter dem Triumphbogen aufgestellten Lettner von 1523, der Trennwand zwischen Chor und Mittelschiff, unterstrichen. Er trennt das Langhaus vom Vierungsbereich. Fast ebenso bedeutend wie die Oberkirche ist die Krypta, der unterirdische Kirchenraum. Zu den wichtigsten Ausstattungsstücken des Gotteshauses gehören zwei Grabplatten der Plektrudis, der Erbauerin der Vorgängerkirche, das

1304 geweihte Gabelkreuz, zwei Marienfiguren um 1200, und vor allem die beiden Türflügel aus dem 11. Jh. Sie zählen in ihrer bildlichen Erzählweise zu den bedeutendsten erhaltenen plastischen Werken der salischen Kunst. Abschließend sei noch auf zwei Fenster mit Jakobus d. Ä. hingewiesen: bei dem Fenster in der Mitte des Nordschiffs, Ursula zwischen Jakobus und Gereon, handelt es sich um neugefasste Fragmente von 1500; das Heller-Fenster im Südschiff zeigt den Patron des Stifters Jakob Heller, der mit dieser Schenkung im 16. Jh. das Andenken seines Onkels Johannes Heller, Kanoniker am hiesigen Stift und Professor der Theologie, wahren wollte.

Bruderschaften

„Im Bereich des Bruderschaftswesens gibt es strukturelle Unterschiede: Zu unterscheiden ist zwischen klerikalen Gebetsverbrüderungen auch zur gegenseitigen Totenmemoria, Gilden als Schutz-, Schwur- und Wirtschaftsvereinigungen, weiterhin städtisch und zunftmäßig geprägte und unter kirchlicher Aufsicht stehende Bruderschaften. Eine relativ frühe Gründung stellt die älteste Kölner Jakobus-Bruderschaft dar, die schon 1317 in den Schreinsbüchern der Waidhändler erwähnt wird. Der namensgebende Patron war gleichzeitig der Schutzherr der Jakobuspfarrkirche am Waidmarkt, wo die Bruderschaft auch ihren Sitz hatte (s. S. 92). Eine weitere Kölner Jakobus-Bruderschaft hatte ihren religiösen Mittelpunkt am Jakobus-Altar in St. Kunibert (s. S. 84). Eine dritte Kölner Jakobus-Bruderschaft hatte ihren Altar im Dom (s. S. 81). Im Gegensatz zu den beiden erstgenannten Bruderschaften, die stärker der Pflege der Toten-Memoria, der Vertretung der Geschäftsinteressen und dem Sozialleben verpflichtet waren, handelt es sich bei der Bruderschaft im Dom (Jakobuskapelle im Domchor) ursprünglich um eine echte Pilgerbruderschaft, die am Vorabend des Jakobusfestes, am 24. Juli 1406, von ehemaligen Kölner Jakobspilgern „zu Ehren Gottes, der Gottesmutter Maria, aller Engel und des Apostels Jakob" gegründet wurde."

(Klaus Herbers/Robert Plötz Jakobus in Deutschland, Strasbourg 2000)

Neben Köln bildeten sich in den größten rheinischen Städten Düsseldorf, Neuss und Bonn Bruderschaften zur Betreuung der Jakobspilger. In den letzten Jahrzehnten haben hierzulande vor allem die Deutsche St. Jakobus-Gesellschaft in Aachen und die Sankt-Jakobusbruderschaft Düsseldorf zur Wiederbelebung des Weges nach Santiago beigetragen. Durch ihre Publikationen, Tagungen und Beratungen unterstützen sie die Pilger mit Rat und Tat.

10 *Ehemals St. Jakobus / Waidmarkt*

Am nahen Waidmarkt, wo früher die Färbepflanzen (Waid) verkauft wurden, entstand im 11. Jh. unter Erzbischof Anno II. das Stift St. Georg mit einer dazugehörigen Pfarrkirche. 1071 dem Apostel Jakobus geweiht, war sie die erste von 17 Jakobuspatrozinien im Erzbistum Köln, die Bonaventura in einem Bericht von 1257 benennt. Von ihnen stehen heute noch zwei Kapellen und zehn Kirchen. Eine evangelische Jakobuskirche in Brühl-Badorf ist hinzugekommen. Die Bruderschaft der bei der Kölner Jakobuskirche ansässigen Waidhändler machte Jakobus zu ihrem Patron. Nach der Säkularisation verfallen, wurde das Kirchengebäude 1825 abgebrochen. Der im Auftrag der Jakobusbruderschaft angefertigte Bilderzyklus zum Leben ihres Schutzheiligen ist ebenso verschollen wie ein kreuzförmiges Jakobusreliquiar aus dem Kirchenschatz von St. Georg, das auf der Rückseite mit Jakobsmuscheln geschmückt war. Einzig die nördliche Vorhalle mit dem heutigen Eingangsportal, über die die Nachbarkirchen verbunden waren, und ein modernes Jakobus-Fenster von Jan Thorn-Pricker aus den 20er Jahren des vorigen Jh. erinnern heute noch an die Kölner Jakobuskirche.

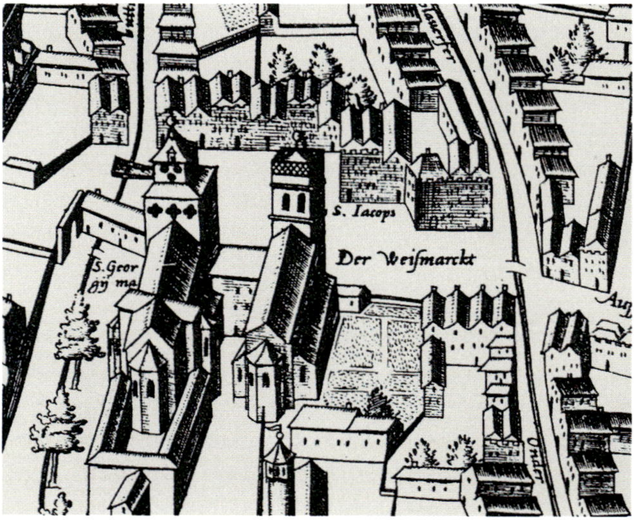

Waidmarkt in Köln mit St. Georg und St. Jacob, Mercatorplan (1571)

11 *St. Peter und St. Caecilien*

Diese beiden Sakralbauten geben noch ein Bild von der früheren Paarigkeit vieler Kirchen Kölns, da sowohl die Stifts- als auch die Pfarrkirche erhalten blieben.

St. Peter, die ehemalige Pfarrkirche des Caecilienstiftes, ist eine dreischiffige spätgotische Emporenbasilika, errichtet 1515-1530. Sie umfasst im Westen den romanischen Turm einer Vorgängerkirche. Nach schwersten Zerstörungen des Zweiten Weltkriegs und erforderlichen Sicherungsarbeiten kommen die architektonischen Qualitäten des Innenraums nach gründlicher Sanierung im Jahr 2000 wieder zur Geltung. Eine moderne Altarskulptur des Spaniers Chidilla kündet von der vor Ort etablierten „Kunststation St. Peter Köln". Wann die wertvollen Fenster des 16. Jh., von denen eines den Hl. Jakobus darstellt, aus der Paderborner Werkstatt zurückkehren, ist noch nicht bekannt.

Jakobusfenster, Museum Schnütgen, Köln

Die Kirche St. Caecilien steht als Basilika ohne Turm und Querschiffe über den Resten des ottonischen und eines Vorgängers aus dem 9. Jh. Die Umwandlung des Stifts nach der Säkularisation 1802 in ein Hospital mit eigener Kirche bewahrte den Sakralbau vor dem Abriss. Da das Bürgerspital nach den Zerstörungen des Zweiten Weltkriegs nicht wiederhergestellt wurde, zog 1956 das Schnütgen-Museum in den Bau. In ihm befinden sich die bedeutendsten mittelalterlichen Sakral-Kunstschätze. Den Grundstock bildet eine Schenkung des Kölner Domkapitulars und Sammlers Alexander Schnütgen von 1906. Der Besuch dieser Schatzkammer verschafft den Überblick über die Rheinische Sakralkunst des 9.-18. Jh. Auf engstem Raum bietet sich dem Jakobspilger die Möglichkeit, die Vielfalt der Jakobusdarstellungen zu studieren, vom Tragaltar aus Maria im Kapitol (M 607), einer Goldschmiedearbeit, und dem Reliquienkasten (G 14) des 12. Jh. bis zur elfenbeinernen Kusstafel (B 111), dem Muschelkalkrelief (B 16) und dem Glasfenster des 15. Jh. (M607) (s. S. 129f Jakobusdarstellungen).

12 *St. Aposteln*

St. Aposteln, Köln

Die Westseite des Neumarkts wird bestimmt durch die mächtige Chorfassade der Kirche St. Aposteln. Der Grundriss der Basilika vereinigt ein Westquerhaus nach stadtrömischem Vorbild mit einem großen Dreikonchenchor im Osten, dessen nach oben hin immer differenzierter werdende Steigerung der Fassadengestaltung einen Höhepunkt der staufischen Architektur Kölns darstellt.

„In Köln gab es einen reichen und mächtigen Burgmann,der hieß Karl und ist Vater des ehemaligen Abtes Karl von Viller gewesen. Als er einmal gehört hatte, die Apostel würden einst als Richter über die gesamte Welt auftreten, dachte er bei sich, die Sünde wiegt schwer, aber auch Ankersteine besitzen ihr schönes Gewicht, darum will ich zukünftigen Bauten an der Kirche der heiligen Apostel solche Steine kaufen, damit, wenn am Tage des Gerichts meine guten und bösen Werke auf die Waagschale gelegt werden, die heiligen Apostel diese Steine in die Schale meiner guten Taten legen, und so diese das Übergewicht erhält. Er kaufte also ein ganzes Schiff voll und liess die Steine auf Wagen zur Kirche führen. .. Bald nachher, vielleicht, wie ich glaube, durch diese Schenkung veranlaßt, fand eine Erweiterung der Kirche statt und wurden jene Steine beim Fundament verwendet."

Caesarius von Heisterbach: Dialogus miraculorum VIII

Ursprünglich lag die sakrale Betonung auf dem großen Westbau mit seiner Krypta und dem hoch gelegenen Westchor. St. Aposteln steht in Köln für die römische Kirche St. Paulus vor den Mauern. Von der

Mittelapsis von St. Aposteln führte früher ein heute vermauertes Türchen auf die unmittelbar angrenzende römerzeitliche Stadtmauer. Westbau, Langhaus mit Seitenschiffen, die Vierung mit ihrer ursprünglichen Laterne, die die byzantinische Kuppelformen zitiert, und der Chor bilden ein Kirchengebäude mit enormen Ausmaßen. Leider ist die byzantinistische Ausmalung der Kirche verloren gegangen und wird heute im Osten durch eine moderne Bemalung ersetzt. Die heilige Zahl zwölf für die Apostel wiederholt sich bei den Pfeilern, die die Kirche tragen, ebenso wie bei den Fenstern des westlichen Querhauses. Mit dem Apostel-Patrozinium ist auch hier ein Ort der Verehrung Jakobus des Älteren. Wir finden ihn unter den gotischen Eichenholzfiguren vor dem schmiedeeisernen Retabel (Altarwand), das Paul Nagel 1988 entwarf. In der Nordkonche ist er auf einem Tafelgemälde von 1510 zu erkennen, das die Aussendung der Apostel in alle Welt darstellt. Das selbe Thema wiederholt sich noch einmal im Glasgemälde von Ludwig Gies in der 1955 angebauten Aula. Die Brustbilder der Apostel an der Ostwand der Halle sind erst nach dem Krieg hierher gekommen.

Retabel mit Apostelfiguren (1330), St. Aposteln, Köln

Wege
der
Jakobspilger

Köln – Kerpen

30 km

30 km

Vom Neumarkt, dem Knotenpunkt der Stadt, geht es auf der Aachener Straße stadtauswärts. Ab dem Melatenfriedhof folgt der Weg dem städtischen Grünzug. Entlang der markant ausgeprägten Mittelterrassenkante mit der Vitaliskirche geht es durch die ackerbaulich genutzte Terrassenlandschaft des Rheins über St. Jakob in Widdersdorf zur Abtei Brauweiler. Den Villehang hinauf führt der Weg nach Königsdorf. Wir queren die Braunkohlenville – hier erhalten wir einen Eindruck der Dimension des Braunkohlentagebaus – und die Erftaue mit letzten Auenwaldrelikten. An Schloss Lörsfeld vorbei gelangen wir nach Kerpen mit der Kirche St. Martinus gegenüber dem Stiftsplatz. Die Etappe ist untergliedert in 2 Teilstrecken: 4 A von Köln bis Brauweiler, 4 B von Brauweiler bis Kerpen.

Pilgerspuren...

Pilgerweg

Als die Deutsche St. Jakobus-Gesellschaft und der Landschaftsverband Rheinland in Brauweiler vor St. Nikolaus eine Stele als Hinweis auf einen ehemaligen Jakobsweg aufstellten, entfachte ein Heimatforscher eine heftige Diskussion um den Wahrheitsgehalt der Erwähnung dieses Weges „uia que dicitur jacobswech“ in zwei Abschriften einer Urkunde von 1051. Von dieser Expertendiskussion wenig beeinflusst, begab sich das Ehepaar Heinke nach der Enthüllung der Stele in Brauweiler am Jakobustag 1999 per Rad auf den 2500 km langen Pilgerweg nach Santiago:

„Nach dem großen Trubel und der sich hinziehenden Verabschiedung mit den zahlreichen Fest- und/oder Sonntagsreden empfinden wir die Stille besonders intensiv. Plötzlich fühle ich mich einsam und allein gelassen, habe zum ersten Mal Bedenken, dass unser Vorhaben nicht gelingen könnte, sollten wir uns doch überschätzt haben, werden wir immer ein Quartier bekommen, werden die Räder durchhalten (...) Kurz vor 10 Uhr haben wir unser Haus verlassen und, es war schon ein kleines Ritual, die Schlüssel durch den Briefschlitz zurück ins Haus geworfen. Jetzt hat unsere Reise nach Santiago de Compostela begonnen. Werden wir, und wie werden wir zurückkehren?“

H. Heinke: Mit dem Rad auf Pilgerwegen – von Brauweiler/Köln nach Santiago de Compostela – Ein Tagebuch – Eigenverlag 1999.

Aufbruch der Jakobspilger 1999 in Brauweiler

TEILSTRECKE 4 A

Köln – Brauweiler

Wegebeschreibung und Hinweise

14,5 km

14,5 km

Wegestrecke zu Fuß und per Rad sind identisch!
Schwierigkeitsgrad zu Fuß: leicht, ohne Steigungen, überwiegend auf kombinierten Rad- und Fußwegen.
Ausgangspunkt Köln, Neumarkt: (ab Neumarkt ggfs. mit Linie 1 Richtung Junkersdorf bis Haltestelle Alter Militärring). Auf Hahnenstraße und Aachener Straße bis Friedhof Melaten **1**, bei Haltestelle links in Bruckner Straße **2** und rechts am Rautenstrauchkanal entlang, Stadtwaldgürtel queren, durch den Stadtwald bis Friedrich-Schmidt-Straße, rechts Militärringstraße, Aachener Straße queren, auf dieser befindet sich links der Wendelinus Bildstock **3**, weiter auf Alter Militärring (Richtung Vogelsang) **4**, am Ende unter Bahnüberführung, durch Wald, rechts auf Belvederestraße, links Mittelweg, nach ca. 80 m rechts in Feldweg, links Auf der Aspel, unter Autobahn (A1), Adrian-Meller Straße queren, rechts Turmgasse zur Pfarrkirche St. Jakobus in Widdersdorf **5**, links Hauptstraße Richtung Brauweiler, rechts Chryslerstraße, links Donatusstraße **6**, rechts Auf der Insel zur Abtei Brauweiler (Rückseite) **7**.

Pilgerherberge Zum Ipperwald, Mercatorplan (1571)

Pilgerherbergen

Arnold Lassota schildert die Kölner Situation der Pilger im 18 Jh. ausführlich in seinem Beitrag zum Ausstellungskatalog „Die Heiligen Drei Könige" von 1982:

„Der Hohe Stand, den das Wallfahrtswesen im Spätmittelalter und, nach einer Zeit des Rückgangs als Folge der Reformation, erneut im ausgehenden 17. und im 18. Jh. im Zuge der Gegenreformation erreichen konnte, wurde – was die materielle Seite der Erscheinung betrifft – nur dadurch möglich, dass den Pilgern zu den Stätten kirchlicher Verehrung im ganzen christlichen Abendland und nach der Reformation in den katholisch gebliebenen Gebieten bei Stiften und Klöstern, vor allem aber in den Städten, Herbergen offenstanden, in denen sie unentgeltlich Aufnahme fanden. In Köln wurde diese Aufgabe ursprünglich vor allem von den Spitälern, z. B. bei St. Andreas oder bei St. Maria im Kapitol, wahrgenommen. Nachdem diese sich aber mehr und mehr zu reinen Pfründnerhäusern entwickelt hatten, traten an ihre Stelle zwei eigens für diesen Zweck der Pilger- und Fremdenbeherbergung gewidmete bürgerliche Neugründungen, das Hospital ´zum Ipperwald´ auf der Schmierstraße (heute Komödienstraße, gegenüber dem Stadtmuseum) und das Hospital St. Johann Baptist oder „Aiche" auf der Breite Straße. Während zu St. Johann Baptist vor allem Aachen-Pilger aufgenommen werden sollten, war das Hospital zum Ipperwald als Pilger – wie als allgemeine Fremdenherberge gedacht." Aus der Neuzeit ist bekannt, dass Santiagopilger in beiden Spitälern Unterkunft und Verpflegung erhielten.

Nachdem das Hospital zum Ipperwald während der französischen Besatzung als Militärlazarett und ab 1809 als Hebammen-Lehranstalt gedient hatte, wurde es 1869 abgerissen. Heute stehen auf seinem Grund die Gebäude des Regierungspräsidiums Köln. An die „Aiche" erinnert die Kölsche Gaststätte Bieresel, die auf dem Boden der ehemaligen Bierbrauerei des Hospitals im Haus 'ad antiquum asinum' (zum Alten Esel) nach dessen Zerstörung im Zweiten Weltkrieg errichtet worden ist. Einen hervorragenden Überblick über das historische Köln verschafft der riesige Plan von Arnold Mercator, den die Kreissparkasse Köln vor einigen Jahren erwarb und in ihrer Vorhalle am Neumarkt öffentlich ausstellt.

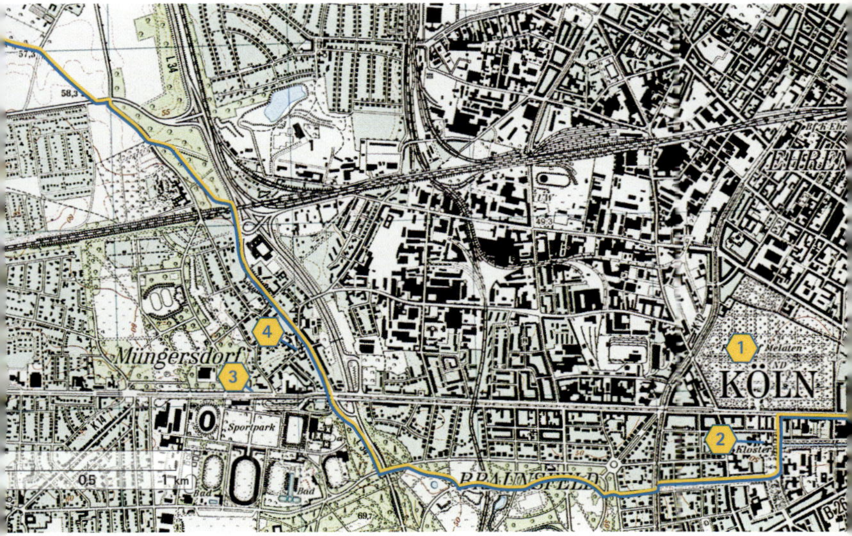

1 Melaten

'Leprosen-männchen' (Orig.), Stadt-museum Köln

In Höhe der Haltestelle Melaten erinnert ein Bildstock an der Aachener Straße mit dem Relief eines pilgermäßig gekleideten Leprosenmännchens mit Klapper an die ehemalige Aussätzigenstation vor der Stadtmauer. Auf dem benachbartem Richtplatz fand 1529 die Hinrichtung der evangelischen Bekenner Adolf Clarenbach und Peter von Fliesteden statt. Nachdem 1804 ein napoleonisches Dekret aus Hygienegründen die Beisetzung der Toten außerhalb der Gemeinden vorgeschrieben hatte, wurde 1810 der Friedhof Melaten eröffnet. Die Aufteilung der Grabfelder und Wege erfolgte nach klassizistischem Stil rastermäßig. Ein Gang über den mit alten Bäumen bestandenen Friedhof führt durch 200 Jahre Stadt- und Kunstgeschichte, vom Klassizismus und der Neugotik über Jugendstil und Expressionismus bis hin zur Moderne.

2 Christi Auferstehung

Von der Stätte der Toten führt der Weg zu der 1972 von Gottfried Böhm als Zeichen der christlichen Hoffnung erbauten Kirche Christi Auferstehung. Einerseits wirkt sie erdverbunden wie eine Burg andererseits zum Himmel emporstrebend. Im Innenraum wurde für Edith Stein, die im nahegelegenen Karmeliterkloster lebte, eine Gedächtnisstätte errichtet. Die Seligsprechung der 1942 im Konzentrationslager umgekommenen konvertierten Jüdin erfolgte durch Papst Johannes Paul II. am 1. Mai 1987 bei einem Gottesdienst mit 70.000 Gläubigen im Müngersdorfer Stadion.

Heilige Pilger

Neben dem Heiligen Jakobus, der meist – obwohl seine Lebensgeschichte hierfür keine Grundlage bietet – als Pilger auftritt, gibt es andere Heilige, die als Pilger dargestellt werden, weil sie selbst eine Pilgerreise unternahmen. Zwei Heilige, die in der typischen Pilgerkleidung, d.h. oft auch mit der Jakobsmuschel im Rheinland anzutreffen sind, sind Wendelin und Rochus. Der Königssohn und Hirte Wendelin, dessen Name im Althochdeutschen „Wanderer, Pilger" bedeutet, ist der Patron von Vieh, Flur und Wald. Dargestellt wird er meist als Hirte mit Stab (sowohl für den Hirten wie den Abt) und Tasche, auch vor einer Klause sitzend und Vieh hütend. Auf dem Rückweg von Rom ließ er sich als Einsiedler in der waldreichen Trierer Gegend nieder. Später wurde er Abt der Benediktinerabtei Tholey. Die Kapelle, in der er nach seinem Tod (617) beigesetzt wurde, war die Keimzelle des Ortes St. Wendel.

Der Heilige Rochus, einer der vierzehn Nothelfer, ist mit der Pest immer mehr aus dem Bewusstsein der Menschen gerückt. Er pflegte als Pilger viele Pestkranke in Oberitalien, bis ihn selbst die Seuche befiel. Meist wird er – auf eine Pestwunde am Oberschenkel weisend – zusammen mit dem Hund dargestellt, der ihn vor dem Tod errettete (Abb. S. 112)

Christi Auferstehung, Köln

3 *Wendelinus-Bildstock*

Wo heute über die Aachener Straße Völkerscharen zu den Fußballspielen im Müngersdorfer Stadion pilgern, erinnert seit 1990 ein Wendelinus-Bildstock an eine 1834 abgerissene Kapelle.

„Als Pilgerraststätte spielte die Kapelle alle sieben Jahre bei der Aachener Heiligtümerfahrt eine Rolle. Insbesondere die fremdländischen und zum Teil abenteuerlich ausschauenden Ungarnpilger müssen für die Müngerdorfer Bewohner eine Attraktion gewesen sein, zumal sie Tanzbären mit sich führten oder in farbiger Tracht dem Heiligen ihre Verehrung brachten. Die Bezeichnung Pilger war hier im Sinne der Übersetzung von „peregrinus = der Fremde" durchaus wörtlich zu nehmen. Als 1804 die Schließung der Kapelle durch die Franzosen erfolgte, wurde die Verehrung des Hl. Wendelinus in die Pfarrkirche St.Vitalis

Hl. Wendelinus, St. Vitalis, Köln

(siehe unten) in Müngersdorf verlegt, wohin auch das Bildnis des Heiligen überbracht wurde. Erst nach dem Zweiten Weltkrieg ließen die Wallfahrten langsam nach, und die Wendelinusoktav im Oktober wurde mehr und mehr ein internes Fest der Müngersdorfer Pfarrgemeinde.

4 *St. Vitalis*

Dass der alte Dorfkern von Müngersdorf auf der 10-15 m höheren Steilkante der Rhein-Mittelterrasse liegt, wird am Fuße der Pfarrkirche Sankt Vitalis besonders deutlich. Schon 1214 wurde hier vom Stift St. Aposteln in Köln ein Pfarrhof und eine dem Hl. Vitalis geweihte Kapelle als Außen- bzw. Versorgungsstelle gegründet. Dieser Bau wurde 1888 abgerissen. Die Ostpartie der 1890 erbauten dreischiffigen Doppelbasilika erinnert mit der Zwerggalerie stark an die Kirche St. Aposteln am Neumarkt. Der Architekt Theodor Kremer nahm einerseits als Vertreter des Historismus bewusst die Bauformen des Mittelalters auf; möglicherweise wollte er andererseits auch zeigen, dass die Geschichte Müngersdorfs mit dem alten Stift aufgrund seiner Besitzungen aufs engste verknüpft ist. Das Innere der Kirche wurde 1961/62 von Rudolf Schwarz umgestaltet. Neben den Bildern aus dem Leben des Hl. Wendelinus vom Kölner Künstler Egino Weinert ist die Milieukrippe in den Monaten Dezember und Januar besonders sehenswert. Erklimmt man die steile Treppe zum Kirchberg neben dem al-

Wegkreuz vor St. Vitalis, Köln

Pilger auf dem Weg nach Brauweiler

ten Wegkreuz unter der Trauer-Esche, so kann man einen Blick in den Garten und auf die Front des ehemaligen Kirchenhofs werfen, der einst zum Kloster Altenberg gehörte.
Trotz der Entwicklung Müngersdorfs im 20. Jh., von der dörflichen Idylle mit großen Höfen und weiten Feldern zum Kölner Wohnvorort am Stadtwald, hat es so weit seine Abgeschiedenheit bewahrt, dass zahlreiche Vertreter des Kulturlebens wie Rudolf Schwarz, Wilhelm Riphahn, Thomas Ungers, Gerhard Marcks und Heinrich Böll hier ihr Domizil bezogen.

5 *St. Jakobus / Widdersdorf*

Den einzigen äußeren Schmuck der barocken Backsteinkirche St. Jakobus in Widdersdorf bildet die halbplastische Darstellung der Apostel Jakobus und Johannes in einer Nische über dem Eingangsportal. Jakobus ist an der Pilgerkleidung erkennbar, sein Bruder, der Evangelist Johannes, an den Attributen des Adlers und des Kelches, dem die

Johannes und Jakobus, St. Jakobus, Widdersdorf

Barocker Hochaltar, St. Jakobus, Widdersdorf

Schlange entweicht. Die Übersetzung der stark verwitterten Inschrift darunter lautet: „Für Gott, die Heilige Jungfrau Maria und die Heiligen Jakobus und Johannes, die Donnersöhne, als den Schutzheiligen errichtet". Auch die aus dem Vorgängerbau stammende Glocke nimmt in ihrer Inschrift auf den Beinamen „die Donnersöhne" Bezug, den die Brüder angeblich wegen ihres Temperaments bei ihrer Berufung durch Jesus erhielten. Das Innere der Kirche wird durch den barocken Hochaltar bestimmt. In der zentralen, von einer Muschel abgeschlossenen Nische steht die Figur des Patrons; auf Sockeln zu beiden Seiten des Altars, Maria und Johannes.

Zu dem reichen Kirchenschatz des Barock und des Historismus gehört ein um 1900 gestaltetes Jakobusreliquiar, dessen Schaugefäß mit Schmucksteinen eingefasst und von Blattranken umgeben ist. Eine sehr ansprechende filigrane Jakobusdarstellung findet sich auf der gotisierenden Turmmonstranz des Kölner Goldschmieds Gabriel Hermeling.

6 Donatusstatue

Während im Mittelalter das Ziel der Wallfahrt meist in der Ferne lag, rückten im Barock mehr die lokalen und regionalen Stätten der Verehrung in den Mittelpunkt. „Der weltlichen Obrigkeit war oft aus wirtschaftlichen Gründen nicht an einer Fernwallfahrt ihrer Landeskinder gelegen. Den Gläubigen selbst erlaubte die Abkehr von der gefahrvollen Fernwallfahrt die häufigere und weniger strapaziöse Wallfahrt zu näheren Gnadenorten, deren Anzahl zunahm." (Dieter P. J. Wynands: Geschichte der Wallfahrten im Bistum Aachen , Einhard-Verlag, 1986)

Um einen von sieben aus dieser Zeit erhaltenen Fußfälle bei Brauweiler handelt es sich bei der barocken Donatusstatue. Seit Ende des 17. Jh. nahm Donatus, der Schutzpatron gegen Gewitter, Blitz und Hagelschlag, in der Volksfrömmigkeit einen herausragenden Platz ein. Das Zentrum seines Kults war die Stadt Bad Münstereifel, circa 50 km südwestlich von Köln, in deren Jesuitenkolleg die Reliquien des Märtyrers 1652 gelangten. Anlass für die hiesige Aufstellung war ein vorangegangenes Unwetter, in dessen Richtung der Schutzpatron mit zum Gebet erhobenen Händen schaut.

Hl. Donatus, Brauweiler

7 *Abtei Brauweiler*

Der Wanderer betritt das Gelände der ehemaligen Benediktinerabtei Brauweiler durch das Feldtor. Das eindrucksvolle Ensemble von Kirche und angrenzendem Kloster bildet auch heute noch den Ortsmittelpunkt. Unterhalb des Ostchors, dessen Anblick erneut Erinnerungen an das Vorbild Maria im Kapitol wach ruft, steht ein uralter Maulbeerbaum, um den sich folgende Gründungssagen der Abtei ranken:

Die Sage vom Maulbeerbaum

Ezzo war in seiner Jugend längere Zeit bei seinem Onkel Ulrich, dem Bischof von Augsburg, zu Besuch. Ulrich war ein frommer, aber auch ein streitbarer Mann, wenn es darum ging, seine Bischofstadt gegen Feinde zu verteidigen. In der Weihnachtszeit ritt Ulrich in das Hoflager Kaiser Ottos I. in Begleitung von Ezzo. Beim Reiten schlug ihm der kahle Zweig eines Baumes ins Gesicht. Er brach ihn ab und hielt ihn eine Weile in der Hand. Da begann der Zweig plötzlich zu grünen und zu blühen. Er will das Wunder verheimlichen und wirft den Zweig weg. Aber Ezzo bittet, den Ast behalten zu dürfen. Er brachte ihn nach Brauweiler und pflanzte ihn an dieser Stelle ein. Der Zweig schlug Wurzeln, wuchs und gedieh.

Warum Ezzo und Mathilde Brauweiler als Ort für das Kloster wählten

Ezzo kehrte von seiner Pilgerfahrt nach Rom zurück, mit Reliquien reich beschenkt und bestärkt in seinem Vorhaben, auf seinen Besitzungen eine Stätte der Verehrung zu gründen. Nun entstand zwischen ihm und seiner Gattin Mathilde ein Streit darüber, an welchem Ort sie das Kloster stiften sollten. Mathilde hatte die Angewohnheit, in der kleinen Medardus-Kapelle zu beten, wenn sie auf ihrem Weg hier vorbeikam. Einmal war es so heiß, dass sie sich nach ihrem Gebet noch eine Weile unter den Maulbeerbaum setzte, um sich in seinem Schatten zu erholen. Sie schlief ein und träumte, dass der Himmel aufging und ein hell glänzendes Licht den Ort erleuchtete. Als sie den Traum ihrem Mann Ezzo erzählt, glaubt dieser sofort, dass dies ein Zeichen des Himmels sei, an dieser Stelle das geplante Gotteshaus zu errichten.

(Nach: A.Schreiner, St. Nikolaus und Sankt Medardus in Brauweiler, Kirchenführer für Kinder)

Ezzo, der Sohn des lothringischen Pfalzgrafen Hermann I., heiratete 991 auf einem hiesigen Hofgut Mathilde, eine Tochter Ottos des II., und baute mit ihr ein Hauskloster, das bis zu seiner Aufhebung unter der französischen Verwaltung Perioden des Niedergangs wie der Blüte erlebte. Während der letzten Blütezeit im 17. und 18. Jh. wurden die heute noch stehenden barocken Gebäude errichtet. Wo die Pfarrkirche St. Nikolaus und Medardus steht, wurde 1024 die erste Klosterkirche ge-

St. Nikolaus und Medardus, ehem. Abteikirche Brauweiler

Ehem. Abtei Brauweiler

baut, der bereits 1048 ein Nachfolgerbau der polnischen Königin Richeza, der Tochter der Klostergründer, wich. Richeza und ihre Eltern sind auf einem großen Ölgemälde im Eingangsturm der Kirche abgebildet. Auf ihm bietet das Stifterpaar das Gotteshaus kniend auf seinen Händen dar. Der Sakralbau war das ganze Mittelalter hindurch ein Wallfahrtszentrum des Hl. Nikolaus, dessen Verehrung seit dem 10. Jh. Ost- und Westkirche verbindet. Sie spiegelt sich deutlich im hiesigen Kirchenschmuck: über dem Eingangsportal der Vorhalle empfängt den Besucher eine moderne Sandstein-Plastik; über dem Westportal in der Vorhalle folgt die aus einem Stamm geschnitzte 2,26 m hohe monumentale Sitzfigur des 15. Jh. Flankiert wird das Eingangsportal von den Patronen: rechts ein Relief des Medardus, links ein Fresko von Nikolaus. Die nächste Darstellung des Bischofs von Myra erwartet den Kirchenbesucher als Halbrelief auf dem Gewölbeschlussstein des Mittelschiffes. Auf dem Altar am Ende des nördlichen Nebenchors erreicht man schließlich das älteste Gnadenbild aus dem 12. Jh. Der Thron des sitzend dargestellten Heiligen diente ehemals der Reliquienaufbewahrung. Zuletzt sei noch auf die örtlichen Jakobusdarstellungen verwiesen: Jakobus findet sich unter den Aposteln, die den Renaissance-Michaelsaltar an der Ostseite des linken Querhauses einfassen sowie in

Jakobusfenster, St. Nikolaus, Brauweiler

der Gesellschaft der Jünger vor der Orgeltribüne. Das rechte Fenster des Südquerhauses aus dem Jahre 1902 gibt mehrere Szenen aus dem Leben Jakobus des Älteren wider.

Die Geschichte des angrenzenden Klosters führt nach dessen Säkularisierung von der Departement-Bettleranstalt (mit Dekret Napoleons von 1801) über die preußische Provinzial-Korrektionsanstalt (ab 1815), das Gestapo-Gefängnis (nach 1933), das Displaced-Persons-Lager (ab 1945) und die Rheinische Landesarbeitsanstalt (ab 1949) bis zum Rheinischen Landeskrankenhaus (ab 1969). Nach Schließung der Psychiatrischen Klinik erhielten nach umfangreichen Sanierungs- und Restaurierungsarbeiten verschiedene Kulturdienststellen des Landschaftsverbandes Rheinland hier eine neue Wirkungsstätte. Heute sind die Brauweiler stolz auf „ihr" örtliches Kulturzentrum, das nach umfangreicher Restaurierung in neuem Glanz erstrahlt. In der Toreinfahrt lädt eine Erläuterungstafel den Besucher zum Rundgang durch die drei Innenhöfe ein.

Jakobus, Michaelaltar, St. Nikolaus, Brauweiler

Widders-
dorf
Lövenich
auweiler
Freimersdorf
Neufreimersdorf
ehemalige
Abtei
Kölner
Randkanal
K5
K6
L 183
L 213
A1 E31
Klär-
anl
ND
6
7
0
0,5
1 km

TEILSTRECKE 4 B

Brauweiler – Kerpen

Wegebeschreibung und Hinweise

15,5 km

15,5 km

Wegestrecke zu Fuß und per Rad sind identisch!

Schwierigkeitsgrad : leicht, geringe Steigungen, überwiegend auf kombinierten Rad- und Fußwegen, z.T. auf Gehwegen bzw. Straßen.

Ausgangspunkt Abtei Brauweiler: links Ehrenfriedstraße, rechts Bernhardstraße geradeaus über Kreuzung nach Königsdorf **8**, an der Linksbiegung der Franz-Lenders-Straße (Abstecher rechts auf Waldstraße und Am Kapellchen zur Magdalena-Kapelle **9**), auf Franz-Lenders-Straße bis Kreisverkehr (Abstecher Hildebold-Kirche **10**), dort links und nach ca. 20 m rechts in Paulistraße bis zur Aachener Straße (Abstecher ca. 100 m links Sebastianus-Kirche **11**), Aachener Straße queren, Augustinusstraße, rechts Vorgebirgsweg, durch den Staatsforst Ville, Eisenbahn unterqueren, an der L 277 links, Autobahn queren, nach Parkplatz rechts Wirtschaftsweg (Aussichtspunkt Braunkohlentagebau Frechen **12**), an Apolinarisstraße links, rechts Beisselstraße, geradeaus Cyriakusstraße durch Naturschutzgebiet Parrig **13**, über A 61, vorbei an Schloss Lörsfeld **14**, links Altes Forsthaus, am Ende Neffelbach und Erttalstraße queren, ca. 30 m am Bach entlang, links und sofort rechts in St. Quirinus-Straße, am Ende rechts Friedhofstraße, links Brückenweg, vor Brücke rechts Alte Landstraße Annakapelle **15**, an Ampel links Hahnenstraße, nächste Ampel rechts Stiftplatz **16**.

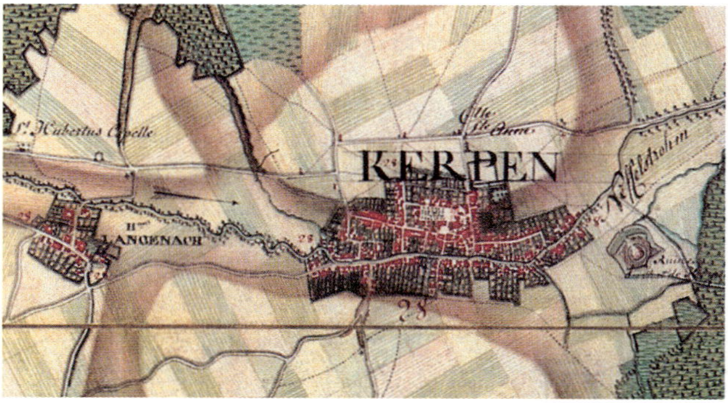

Kerpen auf der Ferraris-Karte von 1777

Brauweiler
Dansweiler
Königsdorf
Neufrein
Kloster Villa Pauli
KD (Römerstraße)
ehemaliges Kloster Königsdorf
Raststätte Frechen
Marienhof
Erlenbusch
Neubu
Quarz
Kläranl
B 55
L 91
K 40
0
0,5
1 km
7
8
9
10
11

8 Königsdorf

Die fassbare Geschichte von Königsdorf beginnt mit der ersten Nennung des Bendiktinerinnenklosters 1136, einer Tochtergründung des Kölner Pantaleonklosters. Für die vorbeiziehenden Pilger der Heiligtumsfahrten sollen die Schwestern früher einen Tisch mit dem Allerheiligsten und Devotionalien bei der Kreuzigungsgruppe vor ihrer Klostermauer aufgestellt haben. Nach Aufhebung des Klosterbesitzes 1802 verfielen die Gebäude zunehmend. Die baulichen Reste am westlichen Ortsrand sind vor einigen Jahren zu einer Mehrfamilien-Wohnanlage umgebaut worden.

Die Lage des Ortes an der nach Westen führenden Handelsstraße und an der Grenze zum Herzogtum Jülich machte ihn zur Zollstation.

Auf dem Weg durch den Ort sind drei sehenswerte Sakralbauten lohnenswerte Ziele: die Magdalena-Kapelle, die Hildebold-Kirche und die Sebastianus-Kirche, die in der Nachfolge einer dem Hl. Sebastianus geweihten Kapelle aus dem 16. Jh. stehen.

9 Magdalena-Kapelle

Hl. Rochus, Hildebold-kirche, Königsdorf

Eine Gedenktafel an der Westfassade der Magdalena-Kapelle verweist auf die Stifterbrüder Carl und Fritz Pauli, deren Gründerzeit-Villa mit weitläufigem Landschaftspark die Keimzelle des oberhalb liegenden Altenstiftes St. Elisabeth bildet. Der Backsteinbau wirkt schon äußerlich aufgrund seiner Blendgliederung und des spitzen Türmchens zierlich. Im Innern erwartet den Besucher eine nur noch selten anzutreffende Einheitlichkeit der Ausstattung. Die gründerzeitliche Raumausmalung fasst die verschiedenen Ausstattungsstücke optisch zusammen. So fügt sich auch der barocke Hochalter nebst den kleinen Skulpturen von Nikolaus, Donatus und Antonius aus dem Fachwerk-Vorgängerbau in dieses stimmige Ensemble.

Magdalena-Kapelle, Königsdorf

10 *Hildebold-Kirche*

Kreuzabnahme, Hildebold-kirche, Königsdorf

Die Holzplastiken des Hl. Rochus und des Hl. Sebastianus, die ebenso einst zur Ausstattung der Magdalena-Kapelle gehörten, schmücken inzwischen die moderne Hildebold-Kirche. Vorbei an einer Kreuzabnahme von Helmut Moos und am Hildebold-Brunnen, der von einer Fiale des Kölner Doms gekrönt wird, betritt der Besucher den festungsähnlichen fünfseitigen, dem Grundriss einer Zitadelle gleichenden Sakralbau. Der steinsichtige Innenbau bezieht seine Spannung aus dem Vor- und Zurückspringen der Wände, die durch vertikale Lichtbänder voneinander abgesetzt sind. Während die zentrale Nische den Altar aufnimmt, übernehmen die vier übrigen – ähnlich einem mittelalterlichen Kapellenkranz-Taufe, Buße, Marienverehrung und „schola cantorum". Die Kreuzigungsgruppe befand sich früher in der Mauer des alten Klosters an der Heer- und Handelsstraße Richtung Aachen, die dem Tagebau zum Oper fiel.

11 *St. Sebastianus-Kirche*

St. Sebastianus, Königsdorf

Mit der Einweihung der aus der Straßenfront zurücktretenden Sebastianus-Kirche wurde Königsdorf 1887 endlich zur Pfarre erhoben. Der dreischiffigen Hallenkirche mit Querhaus, Chor und Westturm verleiht das Ziegelmauerwerk insbesondere im Inneren einen warmen Farbklang. Das von Rundpfeilern getragene Mittelschiff mit seinen Rippengewölben wird aufgrund der schmalen, mit Fenstern versehenen Seitenschiffe filigran durchlichtet. Der dreiflügelige Hochaltar zeigt mittig das Martyrium des Sebastianus. Auf den Seitenbildern sind innen die Verspottung Jesu durch die Soldaten und das Gebet in Gethsemane, außen der „Ecce homo“ (gegeißelter Jesus) und die „Mater dolorosa“ (Schmerzensreiche Mutter) dargestellt.

12 *Braunkohlentagebau Frechen*

Der Blick in den ehemaligen Braunkohlentagebau Frechen, einen Tagebau der 50er Jahre, veranschaulicht trotz fortschreitender Verfüllung noch gut den gigantischen Eingriff in die Landschaft. Das Rheinische Braunkohlenrevier liegt westlich von Köln im Bereich des Ville-Rücken und der Zülpicher Börde. Seine Lagerstätten zählen zu den mächtigsten in Europa. Die Braunkohle ist der wichtigste Rohstoff für den in den benachbarten Kraftwerken erzeugten Strom. Erste Anfänge des Abbaus gehen in das 16. Jh. zurück. Die bei Brühl an die Oberfläche reichenden Flöze wurden in kleinsten Mengen für den Hausbrand abgebaut. Heute fördern riesige Schaufelradbagger täglich 240.000 Kubikmeter und haben der ursprünglichen Landschaft von Brühl bis Grevenbroich auf einer Länge von knapp 30 und durchschnittlichen Breite von 5 Kilometern ein vollständig neues, künstliches Gesicht gegeben. Im Zuge der Nordwanderung des Tagebaus mussten ganze Ortschaften weichen und Verkehrsbänder umgelegt werden. Die Entwässerung der

Verfüllung der ehemaligen Tagebauflächen

bis zu 500 m tiefen Gruben bewirkt großräumige Grundwasserabsenkungen, die die europaweit einmaligen Feuchtgebiete im Naturpark Schwalm-Nette existenziell bedrohen. Nachfolgende Rekultivierungen versuchen, die Wunden der Landschaft zu heilen und die Wiedernutzung für die Land- und Forstwirtschaft sowie die Erholung zu gewährleisten. Am Rande sei hier angemerkt, dass Schloss Harff nördlich von Kaster zu jenen Kulturgütern gehört, die im Zuge des Abbaus unwiderruflich verloren gingen. Von diesem Gut stammt der Ritter Arnold von Harff, der Ende des 15. Jh. nach Santiago de Compostela pilgerte und über dessen Pilgerfahrt sehr interessante Tagebuchaufzeichnungen vorliegen. Das Grab des 37-jährigen Verstorbenen befindet sich in der Krypta der Kirche von Erkelenz-Lövenich.

13 *Naturschutzgebiet Parrig*

Das Naturschutzgebiet Parrig zählt zusammen mit dem ca. 1 km südlich gelegenen Kerpener Bruch zu den wenigen Relikten einer Waldlandschaft, die für die Überflutungsgebiete der niederrheinischen Landschaft charakteristisch war. Im Rahmen der Erftmelioration, die Mitte des 19. Jh. das Ziel verfolgte, die Auenböden für die Landwirtschaft ganzjährig nutzbar zu machen, wurden die Kleine und Große Erft re-

Buschwindröschenblüte im Naturschutzgebiet Parrig

guliert, ausgebaut und die Aue großflächig entwässert. Übermäßige Trinkwassergewinnung seit 1935 und die Grundwasserabsenkung durch den Mitte der 50er Jahre betriebenen benachbarten Tagebau haben spätestens ab Ende der 50er Jahre des 20.Jh. dazu geführt, dass die Voraussetzungen für diese Auenwälder nicht mehr gegeben sind, so dass sich ein kontinuierlicher Wandel zu einem Wald mit geringeren Ansprüchen an Feuchtigkeit vollzieht. In der heutigen weitgehend waldlosen, stark besiedelten und von Autobahnen (A 4 und A 61) beeinträchtigten Erftaue hat der Parrig eine bedeutende Funktion als Lebensraum und Zufluchtstätte für zahlreiche Vogelarten wie z.B. die Nachtigall oder verschiedene Laubsänger. Besonders eindrucksvoll ist der Frühjahrsaspekt, wenn den Waldboden des überwiegend aus Hainbuche, Esche und Stieleiche geprägten Laubwaldes ein nahezu geschlossener Blütenteppich aus weißblühenden Buschwindröschen und gelbblühendem Scharbockskraut überzieht.

14 *Schloss Lörsfeld*

Am Westrand der Erftniederung liegt Schloss Lörsfeld, eine im Kern mittelalterliche Anlage, umgeben von einem 1853 angelegten weitläufigen Park im Stil des englischen Landschaftsgartens. 1262 als Burg der Herren von Lörsfeld urkundlich erwähnt, wechselten im Laufe der Jh.e häufig die Besitzer. Seit 1819 ist die Anlage im Besitz der Reichsfreiherren von Fürstenberg. Das quadratische Herrenhaus aus Backstein mit Spitzbogenfries und vier runden Ecktürmen mit geschweiften Turmhauben, der einstöckige Anbau mit gotisierendem Stufengiebel an der Nordostecke und die östlich vorgelagerte dreiflügelige Vorburg waren ursprünglich ganz von Wasser umgeben. Im Zuge des Braunkohlenabbaus litt das Schloss unter den Folgen der Grundwasserabsenkung: Wassergräben fielen zum Teil trocken, Setzungsrisse am Bau entstan-

Schloss Lörsfeld bei Kerpen im 19 Jh. (Duncker) und heute

den. Das Schloss wurde 1990 umfangreich restauriert und renoviert. Es beherbergt heute ein Gourmet-Restaurant. Eine Besichtigung des Geländes ist bis zum Burginnenhof möglich.

15 *Kerpen / Anna-Kapelle*

Der Kirchturm von St. Martinus, der zweithöchste des Erzbistums nach dem Kölner Dom, zeigt das heutige Etappenziel an. Vor dem Abbau der Braunkohle kamen die Pilger von Köln über die Alte Landstraße. Ihre erste Station in Kerpen war die Anna-Kapelle beim heutigen Friedhof. Aus ihr soll die wunderschöne Anna-Selbdritt-Figur stammen, die heute St. Martinus schmückt. So wie diese Kapelle in engem Zusammenhang mit der Anna-Wallfahrt nach Düren gesehen wird, so bestand ein enger Bezug zwischen der früher im Westen von Kerpen gestandenen Hubertus-Kapelle und der jährlichen Wallfahrt nach St. Hubert in den belgischen Ardennen.

Anna-Selbdritt, St. Martinus, Kerpen

16 *St. Martinus*

Der heutige Weg nach Kerpen führt vorbei an mehreren der sieben Fußfälle, die Stationen eines alten Prozessionsweges sind. Zwischen der Martinus-Kirche und dem Pfarrhaus im Osten sowie dem Westturm und dem heutigen Stadtarchiv/Museum befanden sich bis vor 200 Jahren Torbauten, die den von Mauern und Gräben umgebenen Immunitätsbezirk des Kerpener Stifts von der Außenwelt abschlossen. Am langgestreckten Stiftsplatz stehen noch Reste der Kanonikerhäuser. Die Villa Kerpina wurde erstmals 871 in einer Schenkung König Ludwigs II. an die Abtei Prüm erwähnt. Das Kollegiatstift bestand vom 11. Jh. bis zu seiner Aufhebung durch die Franzosen 1802. Dem historischen Bestand von Stift und Backsteinturm ordnet sich das neue Langhaus der Kirche unter. Beim Eintritt fällt dem Jakobspilger sicherlich die Muschelform der Weihwasserbecken auf, die sich auch im Waschbecken der Sakristei wiederholt. Eine weitere Muschel befindet sich als Symbol der Jungfräulichkeit auf dem Ölgemälde der Hl. Walburga, das aus dem alten Marienhospital an der Hauptstraße stammt.

Waschbecken, Sakristei von St. Martinus, Kerpen

Die Muschel als Pilgerzeichen

Für die Jakobuspilger hatte die Muschel praktische Funktionen und symbolische Bedeutung zugleich: Die Pilger nutzten sie als Schöpf- und Trinkgefäß. Sie galt als sichtbares Zeichen einer erfolgreich beendeten Pilgerreise. Auf der Pilgerkleidung angebracht, diente sie als Schutzzeichen. Es galt als schweres Verbrechen, einen Pilger zu berauben. Ihr alter Sinn als Zeichen für die Verbindung von Himmlischem und Irdischem erscheint wieder neu. Compostela wird zum Begegnungsort von Göttlichem und Menschlichem, am (damaligen) Ende der Welt , an der Grenze zwischen Endlichem (Cabo Finisterre) und Unendlichem. (Aus: Peter Müller: Wer aufbricht, kommt auch heim, Eschbach 1996). Die Muschel der Jakobspilger ist die Kammmuschel, deren wissenschaftlicher Name Pecten jacobaeus lautet. Der Pilger erwarb sie am Brunnnen des Nordportals der Kathedrale in Compostela und ließ sie in der Kirche durch Berührung mit Reliquien weihen. In der Antike galt die Muschel als Leibessymbol, sie wurde aber auch als Amulett gegen Krankheit und bösen Blick getragen. In der Heiligendarstellung taucht die Muschel im 12. Jh. als Attribut des Hl. Jakobus auf und bleibt auch über die Jahrhunderte sein beständigstes Erkennungszeichen.

HORREM
PH
Kläranl
KD (Motte)
ND
Große
Erft
höhe
163
ND
L 277
102
110
A4 E40
H
12
rath
Natur-
Götzenkirchen
52
UW
L 163
ND
schutzgebiet
13
Erft
68
(Wasser-
burg)
chloß
Lörsfeld
ND
H
4
78
A61
Burg Mödrath
Mödrath
L 162
L 122
Br
5
70
KD
Natur-
Broichmühle
ND
Dürsfeld
L 163
16
schutzgebiet
80
90
B264
Erft
KERPEN
L 162
0
0,5
1 km
KD
(Schloß

Kerpen – Düren

ETAPPE 5

Wir verlassen Kerpen in westlicher Richtung und folgen dem Neffelbachtal mit seinen beiden Burgen, dem prächtigen Wasserschloss Bergerhausen und der Kommandeursburg bis Blatzheim. Durch die offene Zülpicher Börde gelangen wir nach Golzheim und Merzenich mit seinem weithin sichtbaren Mühlenturm.

Anfahrt: ab Köln Hbf mit RE oder RB bis Horrem, weiter mit Bus 976 bis Kerpen-Mitte (Stiftsplatz), zeitweise Richtung Düren Bf, Fahrzeit ca. 45 Min. montags bis freitags: 2 mal stündlich. samstags: stündlich. sonn- und feiertags: 6 mal.

20 km

18 km

Pilgerspuren.....

Pilgerweg

Der heutige Wegeabschnitt führt durch einen rheinischen Landesteil, in dem die Matthias-Bruderschaften sehr verbreitet sind. Als nach der Reformation die Fernwallfahrten entfielen, rückte Trier, das den Anspruch erhebt, das einzige Apostelgrab nördlich der Alpen zu besitzen, als Wallfahrtsziel stärker ins Blickfeld. Jedes Jahr ziehen auch heute noch zahlreiche Gruppen vom Niederrhein auf einem dreitägigen Fußmarsch nach Trier, wo sie am Tag Christi Himmelfahrt mit mehr als 2000 Pilgern am Hochamt in St. Matthias teilnehmen.

Jakobusspuren liegen eher rechts und links des Weges von Kerpen nach Düren: Zum einen ist die Jakobuskirche in Jakobwüllesheim erwähnenswert, über deren Hauptportal eine moderne Steinplastik des Patrons wacht. Zum Kirchenschatz gehören ein Jakobusreliquiar des 19. Jh. und ein Kelch von 1893 mit Jakobusdarstellungen.

Der zweite Ort von Interesse ist Arnoldsweiler nördlich von Düren. Der hier verehrte Hl. Arnold war Harfenspieler am Hofe Karls des Großen. Er erhielt von seinem Herrn den Teil des Bürgewaldes als Lehen, den er umreiten konnte, während Karl speiste. Die Nutzungsrechte übertrug er auf die Bewohner der umliegenden Ortschaften. Im Alter trat er eine Pilgerreise nach Santiago de Compostela an, die er aber wegen einer Hungersnot in Frankreich abbrechen musste. Auf dem Rückweg gelangte er an den Fluss Gerunda, in den er den vom Kaiser als Zeichen der Waldübergabe erhaltenen Ring warf, mit der Bitte an Gott, dieser möge ihm den Ring erst wieder kurz vor seinem Tod zukommen lassen. Weiterhin beschenkt Arnoldus Arme, diese kaufen für das erhaltene Geld Fisch,

Pilgergruppe des Töpfereimuseums, Langerwehe

Hl. Arnoldus, Messgewand von St. Arnoldus, Arnoldsweiler

finden den Ring und bringen ihn Arnoldus. Dieser beeilt sich, nach Hause zu kommen, wo er im Alter von 80 Jahren stirbt. Sein Hochgrab in der Arnolduskapelle bildet den Mittelpunkt seiner Verehrung. Die Sandsteinfigur auf der Tumba, ein Ölgemälde von Arnoldus im Wald sowie auch die Stickerei auf einem Gewand in der Pfarrkirche stellen Arnoldus als Pilger dar. Ein Deckengemälde von Peter Hecker erzählt sein Leben in 24 Bildern (1913/14) (Abb. S. 19).

Wegbeschreibung und Hinweise

20 km

Wegestrecke zu Fuß und per Rad sind weitgehend identisch.
Schwierigkeitsgrad zu Fuß: leicht, Gehwege, teils asphaltierte, teils wassergebundene Wirtschaftswege und Pfade.
Schwierigkeitsgrad per Rad: leicht, teils kombinierte Rad- und Fußwege, teils asphaltierte und wassergebundene Wirtschaftswege und Straßen.
Ausgangspunkt Kerpen, Stiftsplatz: Stiftsstraße, links Obermühle – Geburtshaus von Kolping **1**, rechts Bachstraße/Talweg, in Langemich rechts Lindenstraße, vor Neffelbach links, am Neffelbach entlang, vorbei an Schloss Bergerhausen **2** – hier trennen sich Fuß- und Radwegestrekke ein kurzes Stück bis zur Kommandeursburg **2** – nach Blatzheim, am Ortsende rechts Kunibertusstraße, links Heerweg – hier Baumaßnahme Ortsumgehung Kerpen – Blatzheim bis Okt. 2001– nach ca. 300 m rechts auf Feldwegen neugebaute L 477 unterqueren, an Gut Seelrath vorbei, B 264 queren und nach ca. 200 m links entlang Graben nach Golzheim **3**, links Johann-Kaspar-Kratz-Straße, rechts Pützstraße, rechts Buirer Straße, links Feldweg nach Merzenich **4**, K 41 queren, weiter auf Weidenkopf, (links Abstecher Wasserturm **4** in Mühlenstraße), Jahnstraße, rechts Lindenstraße (rechts Abstecher zum Heimatmuseum), links Dürener Straße/Merzenicher Straße, nach Unterquerung der Bahn links Distelrather Weg, rechts Kölner Landstraße, Friedrich-Ebert-Platz, Kölnstraße, links Oberstraße zum Annaplatz im Zentrum von Düren **5**.

20 km

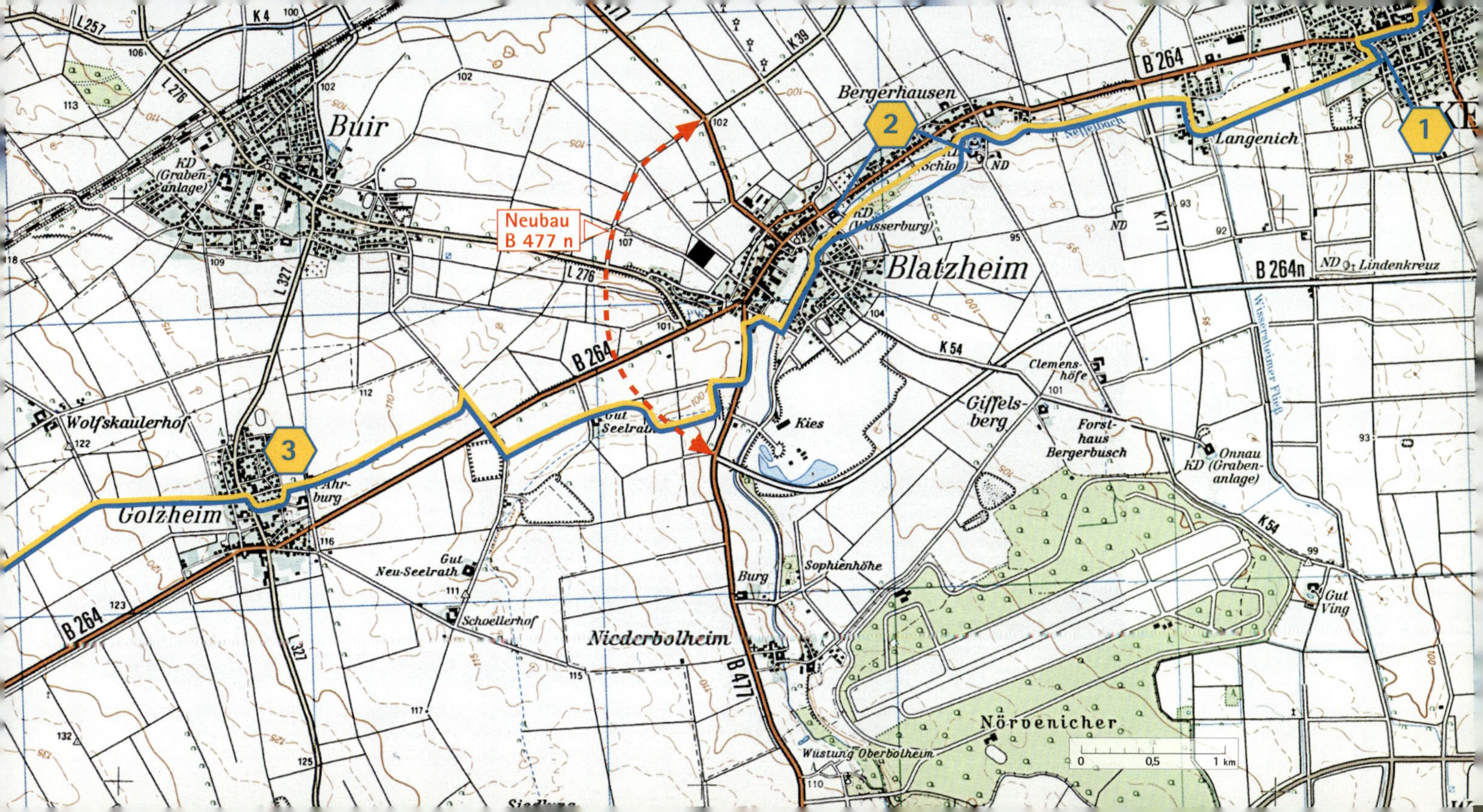

Buir
Blatzheim
Bergerhausen
Langenich
Golzheim
Wolfskaulerhof
Niederbolheim
Nörvenicher
Giffelsberg
Forsthaus Bergerbusch
Clemenshöfe
Onnau KD (Grabenanlage)
Gut Ving
Gut Seelrath
Gut Neu-Seelrath
Schoellerhof
Sophienhöhe
Burg
Kies
Ahrburg
Wüstung Oberbolheim
KD (Grabenanlage)
KD (Wasserburg)
Lindenkreuz
Wissersheimer Fließ
Neffelbach
Neubau B 477 n
B 264
B 264n
B 477
K 54
K 17
K 39
K 4
L 276
L 327
L 257
1
2
3
0 0,5 1 km

1 Obermühle / Adolf Kolping

Kolping-Gedenkstätte, Kerpen

In der Obermühle wurde Adolf Kolping am 8. Dezember 1813 geboren. Im Anbau des Fachwerkhauses wurde vom Kolpingwerk ein kleines Museum eingerichtet, das Einblick in das Leben und Wirken des katholischen Sozialreformers gibt. Als Sohn eines Lohnschäfers kann der Wissbegierige nach dem Besuch der Dorfschule, einer Schusterlehre und sieben Gesellenjahren endlich das Kölner Marzellengymnasium besuchen. Nach dem Abitur studiert er Theologie und wird 1845 in der Kölner Minoritenkirche zum Priester geweiht. In der anschließenden Elberfelder Zeit sieht er aus der Nähe das Elend der Arbeiterbevölkerung: Mit dem Beginn der Industrialisierung war das Zunftwesen zerfallen; die Gesellen, die vorher in den Familien ihrer Meister gelebt hatten, standen hier wie anderenorts haltlos auf der Straße. Eine Hilfe zur Selbsthilfe sieht er in dem örtlichen Gesellenverein, dessen Präses er wird. Als er 1849 als Domvikar nach Köln kommt, holt er dort die heimatlosen Gesellen von der Straße und gibt ihnen ein Zuhause. Er richtet Kranken- und Sparkassen für sie ein, macht ihnen Bildungsangebote und übermittelt ihnen das nachahmenswerte Menschenbild eines in Beruf, Familie und Staat verantwortungsvollen Christen. Schon zu seinen Lebzeiten breitet sich das Werk in anderen europäischen Ländern aus, und es gibt erste Gründungen in Übersee. Heute ist sein Erbe, das Internationale Kolpingwerk, in 50 Ländern vertreten und zählt allein in Deutschland 275.000 Mitglieder.

2 *Blatzheim / Schloss Bergerhausen Deutschordensburg*

Blatzheim ist ein für die Börde typisches Straßendorf: Der Verlauf der Hauptstraße lehnt sich an eine natürliche Leitlinie des Neffelbachtals an. Der Bach übernahm einstmals in Verbindung mit dem südlichen Höhenzug die Wehrfunktion nach Süden. Nach Norden soll der Ort von einem mächtigen Wall und Graben umgeben gewesen sein. Als westlicher Vorposten des Erzbistums Köln war Blatzheim darüber hinaus durch drei Wasserburgen gegen das Herzogtum Jülich gesichert. Von ihnen sind noch zwei erhalten: Schloss Bergerhausen und die Deutschordensburg. Der Weg führt zunächst durch den Landschaftspark, in dem – von einem Weiher umgeben – das zum Schloss umgebaute Bergerhausen liegt. Die alten Wirtschaftgebäude diesseits des Wassergrabens bestehen zum Teil noch aus der bis ins 19. Jh. allgemein üblichen Fachwerkbauweise. Die Aufhebung des Kirchen- und Klosterbesitzes durch die Franzosen sowie die erhebliche Steigerung der landwirtschaftlichen Erträge durch intensivere Anbaumethoden waren die Auslöser für die Zunahme der Ziegel- oder Steinbauweise auf dem Lande, die bis dato der herrschaftlichen Schicht vorbehalten waren. Kurz vor dem Ortskern liegt die ehemalige Deutschordensburg, de-

Schloss Bergerhausen, Blatzheim

Tympanon des Portals der Schlosskapelle Bergerhausen

Neffelbachaue, im Hintergrund die Kommandeursburg

ren wehrhafte Ausstrahlung bis heute erhalten geblieben ist. Der Neffelbach trieb hier früher gleich mehrere Mühlen an, um die reichen Erträge der umliegenden Äcker zu verarbeiten. Auf der Anhöhe südlich des Dorfes lag ein Kloster, von dem keine Spur verblieben ist. Seit 1983 bricht jedes Jahr an Christi Himmelfahrt von Blatzheim eine Pilgergruppe zum 160 km entfernten Trier auf, wo am Sonntagmorgen über 2000 Fußpilger in St. Matthias eintreffen. Blatzheim ist ein Knotenpunkt für die zahlreichen in Matthias-Bruderschaften zusammengefassten Gruppen, die sich vom Niederrhein her auf den Weg zum einzigen Apostelgrab nördlich der Alpen machen.

3 *Golzheim*

Am Ortsrand von Golzheim führt der Weg an der Ahrburg, einer für die rheinische Börde typischen vierseitigen Hofanlage und an einem Florian-Bildstock vorbei zu einer modernen Kapelle mit einer Fatima-Muttergottes. Die erhöht liegende Grünanlage lädt mit ihren alten Eiben zur Rast ein. Sie liegt am Ende der Johann-Kaspar-Kratz-Straße, die nach einem 1698 in Golzheim geborenen Jesuitenmissionar benannt ist, der mit drei Gefährten am 12.1.1737 in der Provinz Tonking (Vietnam) enthauptet wurde. Seine Seligsprechung wurde 1935 eingeleitet. An ihn wird auch in der Gregorius-Kirche aus dem 19. Jh. erinnert. Von dem Vorgängerbau aus dem 16. Jh. ist nur ein dreigeschossiger Turm übrig geblieben, der am Friedhof im Süden des Ortes liegt.

4 *Merzenich*

Das Wahrzeichen von Merzenich ist der weithin sichtbare Turm der 1608 erbauten Mühle, die 1912 zum Wasserturm umgebaut wurde. Nachdem er auch diese Funktion verloren hatte, setzte sich der Heimatverein für den Erhalt des einmaligen technischen Denkmals ein. Das Engagement blieb nicht ohne Erfolg: in absehbarer Zeit wird das Gebäude durch den Einbau einer Treppe erschlossen, so dass die Besucher einen Panoramablick über Börde, Rurtal und Eifel genießen können. Kurz hinter der neugotischen Pfarrkirche St. Laurentius liegen die sehenswerten Ruinen der alten Kirche, umgeben von einem Soldatenfriedhof mit schlichten Steinkreuzen. Rechts schließt ein Fachwerkgehöft an, das der Geschichts- und Heimatverein Merzenich zwischen 1986 und 1988 in vorbildlicher Weise restauriert und als Heimatmuseum eingerichtet hat. Um den Innenhof gruppieren sich Wohntrakt nebst Backstube und Räucherkammer, Schmiede, Schusterwerkstatt, Räume für Wechselausstellungen, Stallungen und eine Scheune. In ihr ist die alte Dorfmühle untergebracht, die mit Hilfe eines Göpels vom dahinter liegenden Bauerngarten aus in Gang gesetzt werden kann. Der außerordentliche Einsatz der Aktiven wurde 1989 vom Landschaftsverband Rheinland mit der Verleihung des Rheinlandtalers (für besondere Verdienste um die regionale Kultur) belohnt.

Mühlenturm, Merzenich

Heimatmuseum, Merzenich

5 *Düren / Annakirche*

Annakirche, Düren

Die Stadt Düren entwickelte sich aus einem merowingischen Königshof, den die Karolinger zur Pfalz ausbauten. 775 wurde erstmals eine Kapelle erwähnt, aus der sich die Pfarrkirche St. Martin entwickelte, die ihr Patrozinium später zur Heiligen Anna wechselte. Ihren wirtschaftlichen Aufschwung verdankte die Stadt dem Eisen- und Tuchgewerbe, später der Papierherstellung und nicht zuletzt dem Wallfahrtswesen. Die einst bedeutende historische Altstadt wurde 1944/45 weitgehend dem Erdboden gleich gemacht. Anstelle der bis auf ein Portal zerstörten Annakirche errichtete der Kölner Architekt Rudolf Schwarz (s. S. 103) einen großartigen stützenlosen Winkelbau aus rötlichem Bruchstein, dem er eine niedrige Pilgerhalle anschloss. Im Jahr 2001 feierte die Stadt 500 Jahre Anna-Verehrung. 1501 gelangte das sogenannte Annahaupt, ein Partikel eines menschlichen Schädels, nach Düren. Ein Steinmetz aus Kornelimünster hatte die Reliquie während seiner Arbeiten an der Mainzer Stiftskirche entwendet. Zuhause angelangt, soll seine Mutter ihn zur Rückgabe des Diebesguts veranlasst haben. Der junge Mann brachte die Reliquie nach Düren. Alle Anstrengungen der Mainzer, sie wiederzuerlangen, waren – besonders wegen des heftigen Widerstands der Dürener Frauen – erfolglos. Im Jahre 1506 besiegelt eine päpstliche Bulle den endgültigen Verbleib in Düren. Die Gläubigen erblicken in der Hl. Anna den Prototyp des hoffenden Menschen: lange unfruchtbar, gebar sie doch Maria, die selbst zur Trägerin der menschlichen Hoffnungen wurde. Deshalb ist sie oft im grünen Gewand mit Maria und dem Jesukind als Anna Selbdritt dargestellt (Abb. S. 117). Für die Reliquie wurde schon während des Streits ein Büstenreliquiar angefertigt, das die Heilige als junge Frau zeigt. In seinem Sockel liegt ein silberner Gürtel, der früher unfruchtbaren und wohl auch schwangeren Frauen umgelegt wurde. Das Reliquiar wird in einem spätgotischen Holzkasten, der von einem Gitterschrein umgeben ist, inmitten der Pilgerhalle aufbewahrt (Abb. S. 132). Traditionell wird das Winter-Annafest am Tag der Translatation der Gebeine, dem 11. Januar bzw. dem folgenden Sonntag und das Sommer-Annafest am 26. Juli, dem Namenstag, bzw. am folgenden Sonntag gefeiert.

Pilgerdarstellung, Annakirche, Düren

Pilgerzeichen

Im Mittelalter wurden in den bekannten Wallfahrtsorten Pilgerzeichen aus Blei und Zinn als Andenken verkauft. Sie wurden an Hut oder Gewand angenäht und waren so ein sichtbarer Beweis für die ausgeführte Wallfahrt. Meist waren seitlich Ösen angebracht, um sie an Gewand oder Hut zu heften. Mit einem Pilgerzeichen versehen galt man als „sacrosanct" d.h. der Überfall auf einen solchen Christenmenschen galt als Todsünde. Ehe Meister Johann Gutenberg sich mit der Herstellung von Druckbuchstaben befasste, hatte er in Straßburg eine Firma gegründet, die aus Zinn die beliebten Spiegel für Aachen-Wallfahrer produzierte und vertrieb. Das waren Pilgerabzeichen, an denen ein kleiner Spiegel befestigt war. Dieser sollte die Gnadenstrahlen auffangen und festhalten, die von den gezeigten Heiligtümern ausgingen (Abb. links unten). Von den früher als Massenwaren hergestellten Pilgerzeichen sind heute nur noch Fragmente erhalten.

Wallfahrtsmedaille und Pilgerzeichen

Jakobusdarstellungen

Die ältesten Darstellungen des Heiligen aus dem 6.-11. Jh. bezeichnen ihn wie auf dem Tragaltar im Museum Schnütgen mit einer Beischrift. Bis in das 14. Jh. wird er in der deutschen Kunst in der herkömmlichen Aposteltracht gezeigt mit gegürteter langer Tunika und Mantel, mit Buch oder Schriftrolle in der Hand als Künder des Evangeliums. Ab diesem Zeitpunkt tritt unter dem Einfluss der Pilgerfahrten ein Wandel ein: statt in Aposteltracht wird er nun mit Vorliebe im Pil-

gergewand wiedergegeben, in engen Beinkleidern oder Gamaschen, gegürtetem Rock, Mantel oder Schultermäntelchen mit langem Kragen, breitkrempigem oder vorn aufgekremptem Pilgerhut, mit Stab, Reisetasche, Wasserflasche und der Muschel als Pilgerzeichen (s. Titelbild). Vielfach ist dem Apostel auch das Schwert als Werkzeug seines Märtyriums beigegeben, wie an der Hochaltarmensa des Kölner Doms. Ab 1300 wird das Schwert mehr und mehr durch den langen Pilgerstab ersetzt, der ab dem 15. Jh. fast ständiges Attribut ist. Erheblich früher, nämlich 1250 in der Vorhalle des Doms zu Paderborn und auf einem Gemälde um 1275 in St. Ursula in Köln, taucht die Muschel als Kennzeichen Jakobus d.Ä. auf. Trägt er sie auf älteren Bildwerken oft in der Hand wie am Petersportal des Kölner Doms (Abb. S. 15), so ist sie später oberhalb der Stirn am Pilgerhut oder seltener auf Brusthöhe am Pilgerumhang angebracht. Auf die Dauer erscheint die Muschel als kontinuierlichstes und persönlichstes Attribut des Apostels. Als Kirchenstifter erscheint Jakobus auf dem Kölner Dreikönigsschrein, und auf der Fahne von St. Jakob, Aachen. (Abb. s. o. und S. 164).

Jakobusdarstellungen am Dreikönigsschrein und am Hochaltar im Kölner Dom

Merzenich
4
Arnoldsweiler Brücke
Hoven
Birkesdorf
Echtzer See 118 Bad
Mariaweiler
Konzendorf
Badesee Düren 122 Bad
1
5
Grüngürtel
Stadtrandsiedlung
Schöne Aussicht
Distelrath
DÜREN
Rur
Mühlenbach
Ellebach
nur Güterverkehr
Derichsweiler
Gürzenich
Binsfeld
Binsfelder Burg
Wörthsiedlung
B 264
B 56
B 399
L 264
L 257
L 13
L 271
K 35
K 24
K 2
K 44
0 0,5 1 km

500
JAHRE
ANNA
RELIQUIE
1501
2001
DÜREN

Düren – Schevenhütte

Etappe 6

Vom Annaplatz in Düren geht es auf der Johannesbrücke mit dem Hl. Nepomuk über die Rur und durch das westliche Stadtgebiet über Gürzenich und Derichsweiler* in den Meroder Wald. Am Rande des Schwarzenbroicher Bachtals entlang gelangen wir zur Klosterruine Schwarzenbroich und folgen dem Rotenbruchbach abwärts – hier ist ein Abstecher zur idyllisch gelegenen Laufenburg (Cafe, Restaurant) lohnenswert – ins Wehebachtal nach Wenau zum ehemaligen Prämonstratenserinnen-Kloster. Durch das Wiesental des Wehebachs erreichen wir Schevenhütte.

17,5 km

17,5 km

* Bei Derichsweiler verläuft die Radstrecke über Schlich und D'horn nach Langerwehe – hier lohnt sich ein Besuch des Töpferei-Museums – und weiter im Wehebachtal nach Wenau und Schevenhütte.

Anfahrt: ab Köln Hbf mit RE oder RB bis Düren. Fahrzeit 26 bis 38 Min., montags bis freitags: 3 mal stündlich, samstags, sonn- und feiertags: 2 mal stündlich.

Pilgerspuren...

Pilgerweg

Die meisten Pilger werden früher die alte Aachen – Frankfurter Straße genutzt haben, die über Langerwehe verläuft. Über sie ritten schon die angehenden deutschen Könige zu ihrer Krönung in Aachen. Als Fernweg verband sie die Messestadt Frankfurt mit dem Welthandelshafen Antwerpen. Vor allem zu Zeiten der Heiligtumsfahrt profitierten die örtlichen Töpfer, die hauptsächlich Gebrauchskeramik herstellten, von den durchziehenden Völkerscharen. Verkaufsschlager waren Pilgerflaschen und –hörner. Neben Hut, Stab und Mantel war die tragbare Wasserflasche jahrhundertelang ein wichtiges Pilgerattribut. Im Rheinland waren diese Flaschen meist aus Steinzeug. Da sie die Form der üblichen Reise- oder Feldflasche besitzen, sind sie nur dann als ausgesprochene Pilgerflasche zu erkennen, wenn ein religiöses Motiv einen konkreten Hinweis auf ihren Ursprung gibt (Abb. S. 166). Damit sie besser am Körper anlagen, war das runde Gefäß auf der Rückseite meist abgeflacht. Zwei oder mehr Ösen dienten der Befestigung der Tragriemen. An manchen Flaschenhälsen war ein Loch, um beim Trinken Luft ins Innere zu lassen. Ein anderes beliebtes Souvenir der umliegenden Wallfahrtsorte waren die in Langerwehe und auch in Raeren (Belgien) mas-

Einladung 500-Jahr-Feier Annaverehrung Düren (Siegfried Althoff)

Töpferei-
Museum
Langerwehe

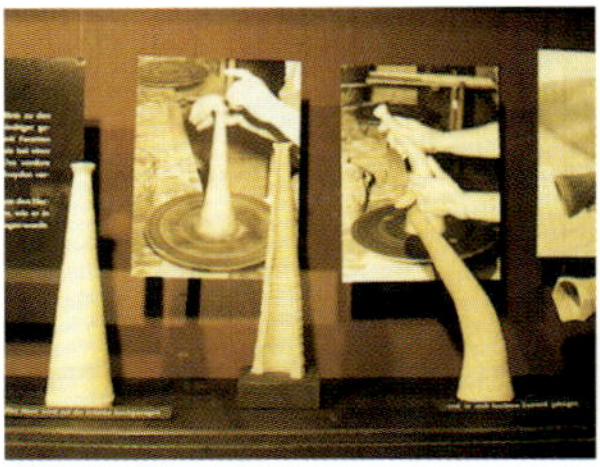

senweise produzierten Aachhörner. Auf ihnen machten die Pilger bei der Zeigung der Heiligtümer im 15. und 16. Jh. einen ohrenbetäubenden Lärm. Die Pilger nahmen die Hörner mit in ihre Heimat, wo sie dann weiterhin als „Wetterhörner" zur Vertreibung von Gewittern dienten. Das Töpfereimuseum Langerwehe im ehemaligen Pastorat hat der Herstellung und Verwendung dieser Pilgerutensilien einen eigenen Raum gewidmet. Ein Augenzeuge berichtet von der Heilgtumsweisung 1510: „Da hätte man meinen sollen, die ganze Erde zittere von dem lauten Schall der Hörner und dem Rufen der Männer und Frauen, die ‚Barmherzigkeit' schreien, und es ist niemand da, dem nicht die Haare zuberge stehen und Tränen in die Augen treten."

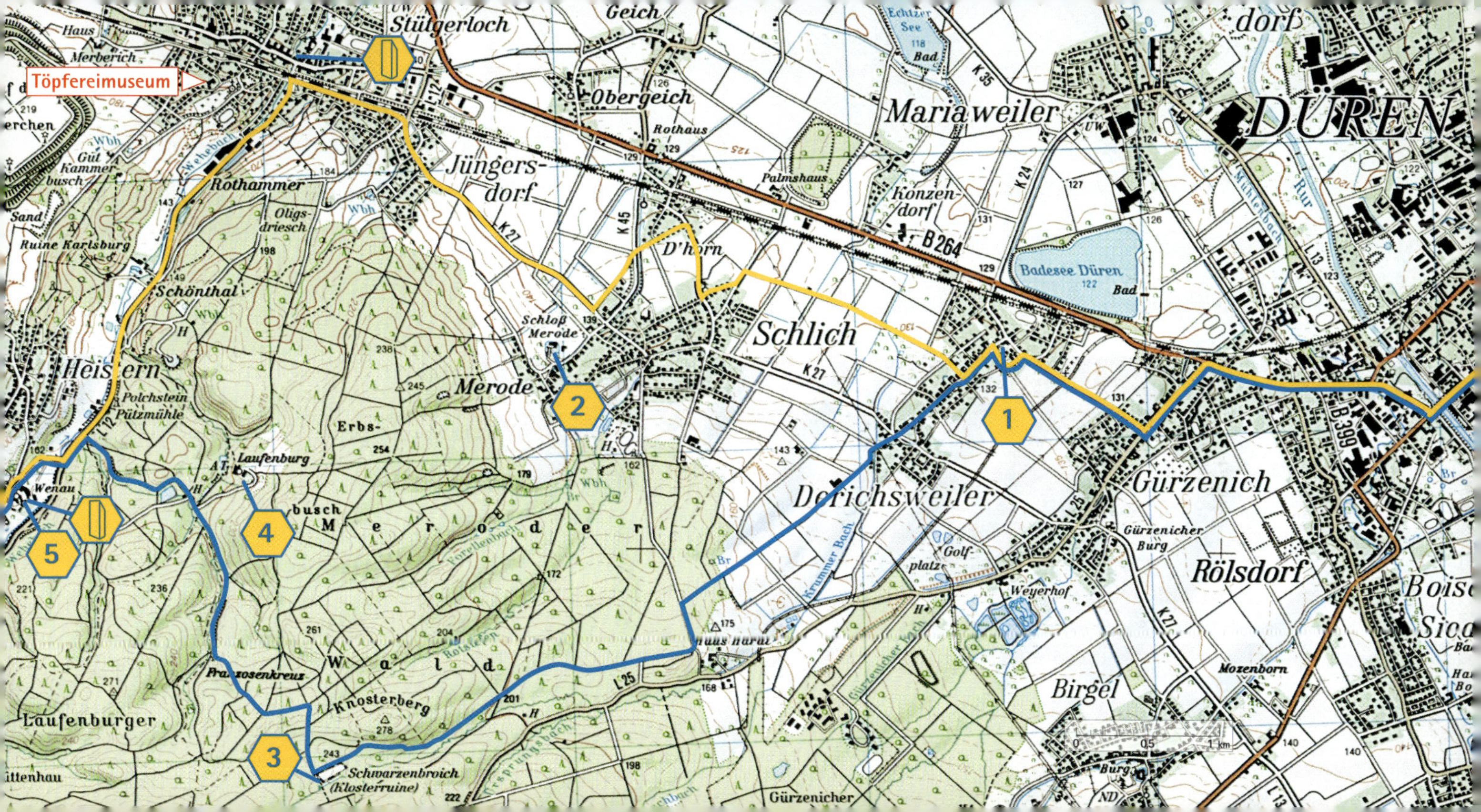
Töpfereimuseum
Stütgerloch
Geich
Obergeich
Mariaweiler
DÜREN
Jüngersdorf
Rothaus
Palmshaus
Konzendorf
Badesee Düren
B 264
Rothammer
Oligsdriesch
D'horn
Schlich
Schloß Merode
Merode
Schönthal
Heistern
Polchstein
Pützmühle
Wenau
Laufenburg
Erbs-busch
Meroder Wald
Derichsweiler
Gürzenich
Gürzenicher Burg
Rölsdorf
Golfplatz
Weyerhof
Krummer Bach
Birgel
Mozenborn
Franzosenkreuz
Knosterberg
Schwarzenbroich (Klosterruine)
Laufenburger
Ruine Karlsburg
Gut Kammerbusch
Merberich
1
2
3
4
5

Wegebeschreibung und Hinweise

17,5 km

Schwierigkeitsgrad zu Fuß: leicht bis mittel, z.T. auf Straßen mit Gehwegen, z.T. asphaltierte und wassergebundene Wirtschaftswege und Waldpfade.

Ausgangspunkt Düren, Annaplatz: Oberstraße nach S, rechts Stürtzstraße / Aachener Straße (Johannesbrücke mit Hl. Nepomuk), rechts Valencienner Straße, links Schillingsstraße, rechts Derichsweilerstraße / Dampfmühlenstraße, vor alter Kirche links **1**, an Martinusstraße rechts, links Agathastraße, Schlicher Straße queren, geradeaus Hardtstraße, in Linkskurve über kleine Brücke links auf Feldweg bis Höhe Haus Hardt, dort an Gabel links, und vor Haus Hardt rechts durch Wildschutztor entlang Schwarzenbroicher Bach bis Klosterruine **3**, dort rechts, an nächster Wegegabel (knorrige Eiche) rechts aufwärts (nach ca. 20 m Binsensumpf mit abgestorbenen Birken), an Kreuzung geradeaus und nächste Kreuzung links in Kiefernwald, an Kreuzung mit Franzosenkreuz Rotenbruchbach – hier Abstecher zur Laufenburg **4** – bis Schönthaler Straße (L 12) folgen. Dort links und rechts Klosterstraße (K 49) bis Kloster Wenau **5**, auf Klosterstraße nach ca. 600 m links Wirtschaftsweg im Wehebachtal folgen, in Höhe Bleimühle rechts auf Langenweher Straße (L 12) bis Schevenhütte **6**.

17,5 km

Schwierigkeitsgrad per Rad: leicht bis mittel, überwiegend Stadt-, Land- und Kreisstraßen, z.T mit Radwegen, z.T. Wirtschaftswege.

Ausgangspunkt: Düren, Annaplatz: Vom Annaplatz bis Derichsweiler sind Fuß- und Radstrecke identisch, in Derichsweiler **1** auf der Agathastraße in Höhe Kröngensgasse rechts abbiegen, hier der Kaiserroute folgen über Schlich (evtl. kleiner Abstecher zum Schloss Merode **2**), D'horn, Jüngersdorf/Langerwehe (ggfs. Besuch des Töpfereimuseums) und entlang des Wehebachtals zum Kloster Wenau **5**, von dort der Kaiserroute über Bleimühle bis Schevenhütte **6** folgen.

Hl. Nepomuk, Rurbrücke, Düren

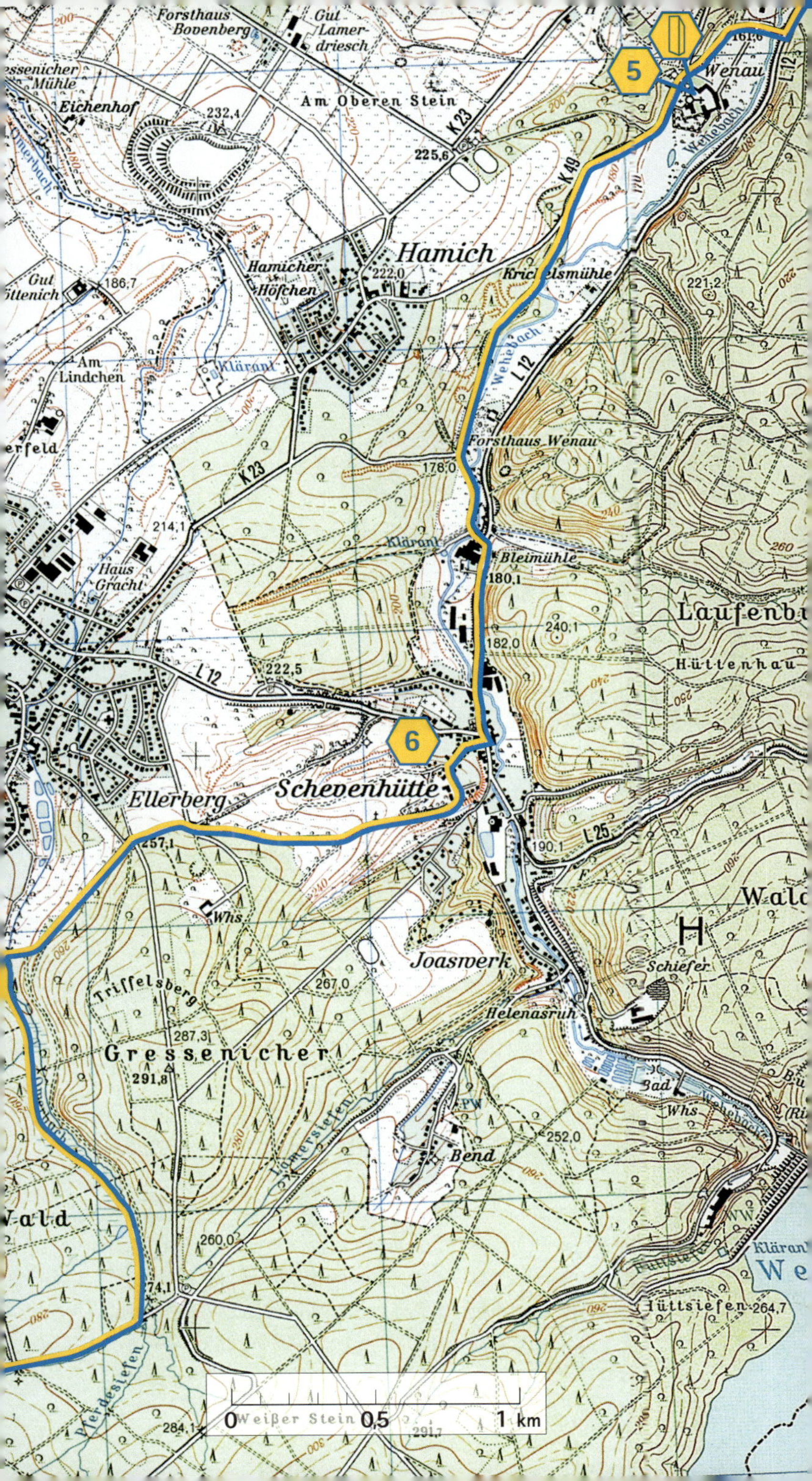

Forsthaus Bovenberg
Gut Lamerdriesch
Eichenhof
Am Oberen Stein
Wenau
Hamich
Hamicher Höfchen
Krickelsmühle
Am Lindchen
Forsthaus Wenau
Bleimühle
Haus Gracht
Laufenbu
Hüttenhau
Ellerberg
Schevenhütte
Joaswerk
Helenasruh
Schiefer
Trifelsberg
Gressenicher
Bend
Wald
Hüttsiefen
Weißer Stein
K 23
K 49
L 12
L 25
Wehebach
Kläranl.
Whs
Bad
5
6
0
0,5
1 km

1 Derichsweiler / Alt-St. Martin

Alt-St.-Martin, Derichsweiler

Die St. Martin Kirche in Derichsweiler wurde am 15. August 1940 als erste deutsche Kirche im Zweiten Weltkrieg von einer Brandbombe getroffen. Seither steht sie als Ruine und Mahnmal. Der Gottesdienst war bereits vorher in eine größere Kirche des 19. Jh. verlegt worden. Die erste Martinskirche wurde im 8. Jh. als Holzkirche errichtet. Sie gehörte zum Stift St. Gereon, das hier ebenso wie das Kölner Domstift Ländereien besaß. Bei umfangreichen Ausgrabungen 1987/88 wurden eine römische Wasserleitung und fränkische Gräber sichtbar, die aus beschrifteten Weihesteinen des 3. Jh. gearbeitet waren. Heute stellt sich der Bau als gotisch überprägte romanische Kirche mit südlichem Seitenschiff dar. Der Fußweg zum heutigen neugotischen Gotteshaus führt an einer mächtigen Rosskastanie vorbei, die im Garten des Pastorats steht.

2 Schloss Merode

Am Rande der Voreifel liegen Schloss Merode und die Klosterruine Schwarzenbroich. Die Wasserburg Merode wurde 1174 von Werner von Kerpen errichtet, der für seine treuen Dienste den königlichen Hof zu Echtz mit umliegenden Dörfern von Kaiser Barbarossa zum Lehen erhielt. Die durch die Formensprache der maasländischen Renaissance geprägte zweiteilige Wasserburg (rot-weißes sogenanntes Speckschichtenmauerwerk) ist noch heute in Familienbesitz. Ein Brand am 19. Juni 2000 richtete insbesondere an der abwechslungsreichen Dachlandschaft mit Türmen und Zinnen verheerenden Schaden an.

3 *Kloster Schwarzenbroich*

Klosterruine Schwarzenbroich und Binsensumpf im Meroder Wald

Der Schlossherr Werner IV. von Merode stiftete Mitte des 14. Jh. das oberhalb im Wald liegende Kloster Schwarzenbroich für den Kreuzträgerorden. Nach der Säkularisation und der Umnutzung zur Alaunfabrik zerstörte 1837 ein Brand die umfangreiche Anlage, von der heute nur noch Ruinenreste künden. Aufgrund seiner Lage am Pilgerweg von Düren nach Kornelimünster stellte das Kloster ein wichtiges Etappenziel dar. Zeugnis für die damalige Versorgungssituation geben die ehemaligen Fischteiche vor Gürzenich, die im 19. Jh. den Grundstock für einen bemerkenswerten Landschaftsgarten, den sogenannten Schillingspark, bildeten.

4 *Laufenburg*

Laufenburg, Langerwehe

Die Laufenburg bot Kloster Wenau den Schutz, den Schwarzenbroich durch Burg Merode erhielt. Im 12. Jh. wurde sie als östlicher Grenzposten des Herzogtums Limburg, das Teile der heutigen Niederlande, Belgiens und Deutschland umfasste, gegen Jülich und Kurköln errichtet. Trotz vielfacher Umbauten entspricht sie heute noch den Vor-

Wappen und Muscheln über dem Tor der Laufenburg, Langerwehe

stellungen einer mittelalterlichen Höhenburg. Der Aufstieg zu ihr wird mit einem herrlichen Rundblick vom Turm und einer Stärkung in der Burgschänke belohnt. Der Ursprung der drei „Jakobsmuscheln" über dem Torwappen ist auch den heutigen Besitzern unbekannt.

5 *Kloster Wenau*

Heute liegt die ehemalige Klosteranlage idyllisch im Wehebachtal. Es bedeutete aber im 12. Jh. für die Nonnen und Mönche ein hartes Stück Arbeit, das sumpfige Tal urbar zu machen. Eine Zeit lang lebten Männer und Frauen unter einem Dach, danach war das Prämonstratenserkloster bis zu seiner Aufhebung 1802 ein Damenstift. Obwohl nach der Säkularisation Teile des Klosters und des Kreuzgangs abgebrochen wurden, vermittelt die heutige Pfarrkirche St. Katharina mit umliegenden Gebäuden noch immer einen Eindruck der ehemals weitläufigen Klosteranlage. Von der romanischen Saalkirche sind noch Reste im Umbau der gotischen Basilika ablesbar, vor allem die Mittelschiff-

Kreuzigungsgruppe, St. Katharina, Wenau

Rochus-Kapelle (1732), Wenau

wände und der Westbau mit Nonnenchor. Zu den verbliebenen bedeutenden Ausstattungsstücken gehört das einzige erhaltene Beispiel einer hölzernen Kreuzigungsgruppe des Rheinlands aus der Mitte des 13. Jh. sowie die prächtige barocke Orgel und Emporenbrüstung des Aachener Stadtbaumeisters Johann Joseph Couven.
Wegen der hervorragenden Akustik wird der Kirchenraum gern für Konzerte genutzt. Bei feierlichen Gottesdiensten kommt auch die Rheinische Turmmonstranz des Dürener Goldschmieds Hans Jungh von 1549 zum Einsatz, auf deren Fuß die Apostel mit ihren Symbolen eingraviert sind.
Eine Treppe am gegenüberliegenden Hang führt zur barocken St. Rochus-Kapelle, deren Inneres ein Kruzifix schmückt. Die naiv gearbeitete Figur des Pestheiligen befindet sich heute im Seitenschiff der Kirche.

6 *Schevenhütte*

Zwischen Schevenhütte („von der Hütten") und Langerwehe trieb der Wehebach im 16. Jh. mehr als ein Dutzend Hammermühlen an, die das Messing der Stolberger Hütten verarbeiteten. Die Tatsache, dass der Schevenhütter Pastor Baltasar Berkes, der sich 1812 auf der Rückkehr von einer Reise im Dunkeln verirrte und im Wehebach ertrank, vermittelt eine Vorstellung von der ungebremsten Kraft des Bachs vor dem Bau der ca. 2 km südlich von Schevenhütte errichteten Talsperre. Von der Blütezeit der Eisenindustrie künden die vielen schmucken Bruchsteinhäuser, die damals mehr und mehr die billigeren Fachwerkbauten er-

St. Joseph, Innenraum und Portal sowie typischer Hauseingang, Schevenhütte

setzten. Als um 1800 der Boom schon wieder vorbei war, konnten manche Betriebe sich durch Umrüstung retten; aus der Mühle Schönthal wurde beispielsweise eine Nadelfabrik. Zu Beginn des 20. Jh. wurde die Eifel dann als Ausflugs- und Wanderregion entdeckt und in Schevenhütte schossen die Hotels und Gaststätten aus dem Boden.
Der neogotische Innenraum der 1890 eingeweihten Pfarrkirche St. Josef wurde in der Nachkriegszeit umfassend modernisiert. Herbert Falken, ausübender Künstler und örtlicher Pastor von 1977 – 88 schuf um 1990 den Schevenhütter Kreuzweg; Prof. Georg Meistermann entwarf die neuen Fenster.

Birgitta (auch Brigitta) von Schweden, Patronin der Pilger

Neben Jakobus als männlichem Pilgerpatron steht die um 1303 im schwedischen Upsala geborene Birgitta (= die Kraftvolle, Tugendstarke) als Patronin der Pilger, deren Todes- und Gedenktag der 23. Juli ist. „So darf nicht unerwähnt bleiben, daß die heilige Brigitta (gest. 1373) mit einem großen Gefolge von Geistlichen und Laien, nachdem sie das Grab des h. Jakobus zu Compostela in Spanien und die Reliquien der hh. Dreikönige in Köln besucht und verehrt hatte, auch nach Aachen zu den Reliquien des Herrn und der h. Jungfrau pilgerte."

(Fr. Bock: Das Heiligthum zu Aachen, Köln 1867)

Die Reise nach Santiago unternahm sie mit ihrem Ehemann. Nachdem dieser verstorben war und ihre acht Kinder versorgt waren, gründete sie 1346 einen Orden im Dienst der Armen und Kranken. Als sie zur offiziellen Bestätigung ihres neuen Ordens nach Rom kam, war sie entsetzt über die dortigen Zustände: Die Päpste lebten üppig und reichlich ungeistlich im französischen Avignon. Was Brigitta erlebte und dachte hat sie in geharnischten Briefen an Päpste und Bischöfe mit unverblümter Härte auch geschrieben.. Ihre Schreiben bewirkten, dass der neugewählte Papst Gregor XI. nach Rom zurückkehrte. Die letzten vierundzwanzig Jahre ihres Lebens verbrachte Brigitta, begleitet und betreut von ihrer Tochter Katharina, in Rom. Das einzige erhaltene Deutsche Kloster des Brigittenordens befindet sich 50 km nördlich von München in Altomünster."

(A. Läpple: Heiligenkalender 2001)

Hl. Birgitta mit Ehemann auf dem Weg nach Santiago de Compostela (Kupferstich, um 1680)

Schevenhütte – Aachen

Etappe 7

25,5 km

26 km

Die Wegestrecke führt aus dem Wehebachtal heraus auf die Höhe. Durch Wiesen, Weiden und am Waldrand entlang geht es durch das von Erlenbruchwald geprägte Omerbachtal und den Staatsforst Hürtgenwald nach Stollenwerk und Vicht im gleichnamigen Tal. Den Stolberger Wald hinauf gelangen wir zum botanisch interessanten Schlangenberg, zum historischen Straßenzug von Alt-Breinig und gallorömischen Tempelbezirk nach Kornelimünster mit der ehem. Benediktiner-Abteikirche St. Kornelius. Durch das „Münsterländchen" erreichen wir Aachen, die Stadt im Dreiländereck.
Die Etappe ist untergliedert in zwei Teilstrecken: 7A von Schevenhütte bis Kornelimünster und 7B von Kornelimünster bis Aachen.
Anfahrt: ab Köln Hbf mit RE bis Stolberg Hbf, weiter mit Bus 42 bis Frankental, Richtung Werth Kreuzung, weiter mit Bus 32 bis Schevenhütte Kirche. Fahrzeit: 1 3/4 Std., werktags: stündlich
sonn- und feiertags: 7:17 ab Köln Hbf mit RE bis Stolberg Hbf, weiter mit Bus 42 bis Frankental, Richtung Breinigerberg, weiter mit Bus 1 bis Schevenhütte Kirche (an 9:32)

Pilgerspuren...

Pilgerweg

„Die alte Kaiserstadt Aachen verfügt über zahlreiche Einrichtungen, die in Verbindung mit der Heiligtumsfahrt, aber auch mit der Pilgerfahrt „ad Sanctum Jacobum" entstanden sind. So zeigt die Ansicht Aachens aus der Vogelschau von Georg Braun und Franz Hogenberg (1576) ein „S. lacob poort", in dessen Nähe die St. Jakobskirche liegt. Aachen weist aber auch andere, durchaus eigene Jakobus-Traditionen auf, wie verschiedene Motive in dem Sagenkreis um Karl den Großen oder die bildliche Darstellung verschiedener Begebenheiten seines Spanienzuges auf den Dachschrägen des Karlsschreins. Daneben galt Aachen als eine der bedeutendsten Stationen am Pilgerweg zum Grab des hl. Jakobus, vor allem für die Anbindung slawischer und ungarischer Christen, die von den östlichen Grenzen des Orbis Christianus kamen.
Die Pilgerfahrten nach Aachen und Compostela stellten auch einen wesentlichen Faktor in der weltlichen Rechtsprechung (peregrinatio poenaliter causae) des Spätmittelalters dar. Im Zusammenhang mit Auflagen, die oft sehr modern anmuten, wurde der Delinquent analog zur

Aachener Dom, Ansicht vom Katschhof

Schwere seines Vergehens, zu berühmten Kultorten geschickt, wie nach Jerusalem, Aachen, Rom und Santiago. Die Pilgerfahrten nach Aachen wurden auch testamentarisch verfügt (pelegrinatio per delegationem). In den Testamenten des Lübecker Bürgertums zwischen 1350 und 1508 wurden insgesamt 704 Pilgerfahrten zu 42 verschiedenen Pilgerzentren festgelegt: Für Aachen 128, nach Rom 76 und nach Santiago de Compostela 46. Aachen war nicht nur Ziel, sondern zugleich Haltestation und auch Ausgangspunkt der sogenannten „Niederstraße" nach Santiago de Compostela. Zur Unterstützung der Pilger konstituierte sich Anfang des 15. Jh. eine Bruderschaft für hilflose Mitbürger und fremde Reisende, besonders aber für Pilger nach St. Jakob. Zu deren Versorgung gründete man in der heutigen Kleinmarschierstraße ein Hospital zum Hl. Jakob. Auf dem Matthiashof bestand seit 1261 ein Beginenkonvent, mit dem spätestens seit 1441 ein Hospital für reisende und pilgernde Frauen verbunden war".
(Robert Plötz: Aachen als wichtige Station am Pilgerweg ad Sanctum Jakobum, Sternenweg 25/2000)

Titelblatt des Pilgerführers des Künig von Vach (Leibzig 1521)

Aus dem Pilgerführer nach Santiago de Compostela des Hermann Künig von Vach von 1495:

danach 4 Meilen nach Losen (=Louvain) die gehst du schnell
danach 4 nach Ditsch (=Diest) und 7 nach Tricht (=Maastricht)
danach 4 nach Ach (=Aachen) da sollst du deine Sünde beichten
und sollst Gott und Maria Dank und Lob sagen
Daß du heimgekommen bist mit gesunden Tagen
Und sollst Gott und Maria dienen mit Fleiß
So magst der Gnaden desto besser genießen
Die viele Menschen da suchen aus fernen Ländern
Maria wolle uns behüten vor den ewigen Banden
Und wolle uns armen Sündern Gnade erwerben
Daß wir nicht mögen des ewigen Todes sterben
Sondern daß wir Gott und Sankt Jakob ewiglich schauen
Und alle Gottes Heiligen und unsre liebe Frau
Amen

Wegebeschreibung und Hinweise

15,5 km

Schwierigkeitsgrad zu Fuß: leicht bis mittel, einige kleinere Steigungen. Überwiegend wassergebundene Wirtschaftswege (kombinierte Rad- und Fußwege), z.T. Straßen mit Gehwegen.
Ausgangspunkt Schevenhütte: In Schevenhütte Hohlstraße aufwärts und weiter am Waldrand über den Omerbach, dahinter links Omerbach folgen, an Fischbachstraße rechts über Süssendell – hier liegt eines der ältesten preußischen Forstgehöfte im Rheinland – bis Vicht, dort rechts auf der Eifelstraße bis Stadtbücherei/Kindergarten, dahinter links über Vichtbach und rechts in Wald aufwärts bis Schlangenberg **1**, dort links, rechts Duvelor/An der Hoheburg, links Rickelsief, rechts Buttergasse, rechts Alt Breinig (historischer Straßenzug) **2**, rechts Stockemer Straße links, (L 12) Auf dem Acker, hier rechterhand Abstecher zum gallorömischen Tempelbezirk Varnenum **3**, rechts Schildchenweg, links über Friedhof der Bergkirche St. Stephanus die Steintreppe hinab zur ehemaligen Abteikirche Kornelimünster **4.**

16 km

Schwierigkeitsgrad per Rad: leicht bis mittel, einzelne Steigungen z.B. hinter Schevenhütte und zwischen Nachtigällchen und Breinigerberg. Überwiegend wassergebundene Wirtschaftswege (kombinierte Rad- und Fußwege), z.T. örtliche Straßen, Land- und Stadtstraßen mit überwiegend separaten Radwegen. Zwischen Vicht und Nachtigällchen kein gesonderter Radweg!
Ausgangspunkt Schevenhütte: Von Schevenhütte bis Vicht verlaufen Fuß- und Radwegestrecke gemeinsam. In Vicht auf Eifelstraße/Am Wasserwerk (hier kein Radweg) bis Nachtigällchen, dort an Kreuzung links den Rad-/Fußweg über Bergrücken bis Ortseingang Breinig **1**, links An der Hoheburg, rechts Rickelsief, rechts Buttergasse, rechts Alt Breinig (historischer Straßenzug) **2**, rechts Stockemer Straße, (L 12) Auf dem Acker, hier rechterhand Abstecher zum gallorömischen Tempelbezirk Varnenum **3**, rechts Schildchenweg, links Dorffer Straße zur ehemaligen Abteikirche Kornelimünster **4.**

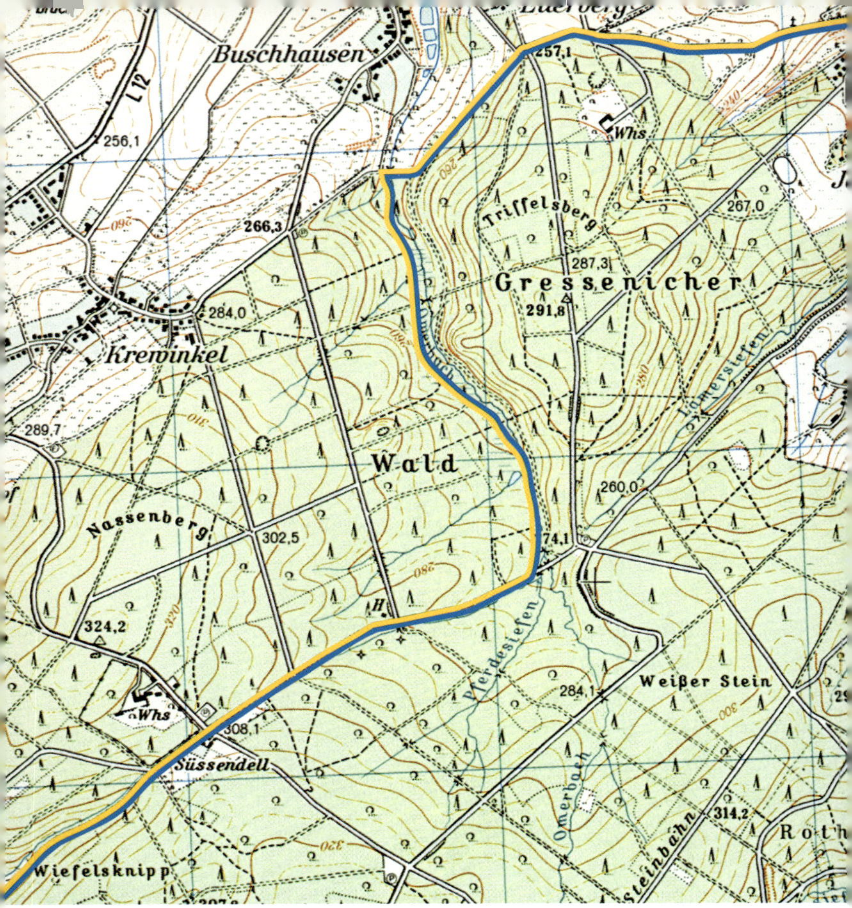
Buschhausen
L 12
256,1
266,3
Krewinkel
284,0
289,7
Nassenberg
302,5
324,2
Whs
308,1
Süssendell
Wiefelsknipp
257,1
Whs
Triffelsberg
287,3
Gressenicher
291,8
267,0
Wald
260,0
274,1
Pferdestefen
Weißer Stein
284,1
Omerbach
Steinbahn
314,2
Roth
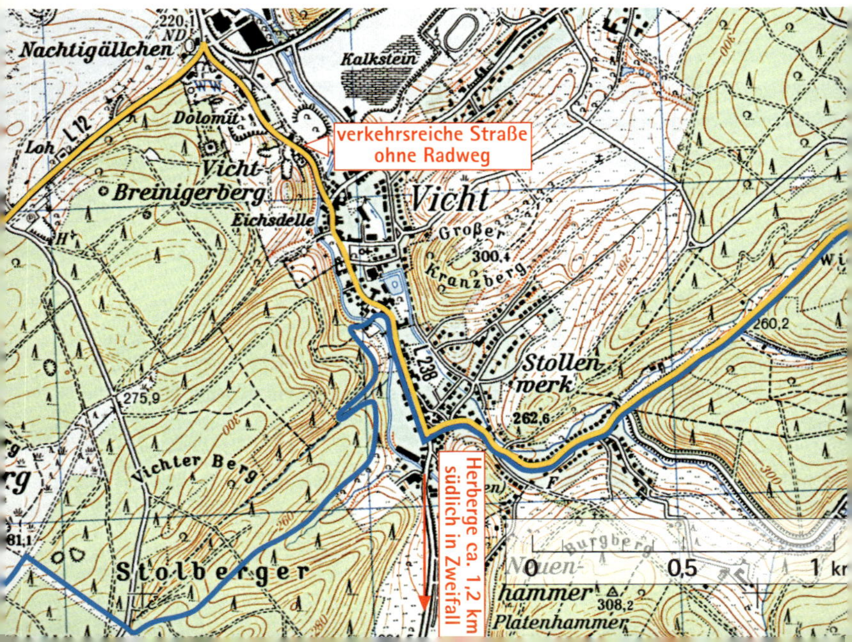
Nachtigällchen
220,1
ND
Kalkstein
L 12
Loh
Dolomit
verkehrsreiche Straße ohne Radweg
Vicht-Breinigerberg
Vicht
Eichsdelle
Großer
300,4
Kranzberg
L 238
Stollenwerk
262,6
260,2
275,9
Vichter Berg
Stolberger
Herberge ca. 1,2 km südlich in Zweifall
Burgberg
Neuenhammer
308,2
Platenhammer
0,5
1 km

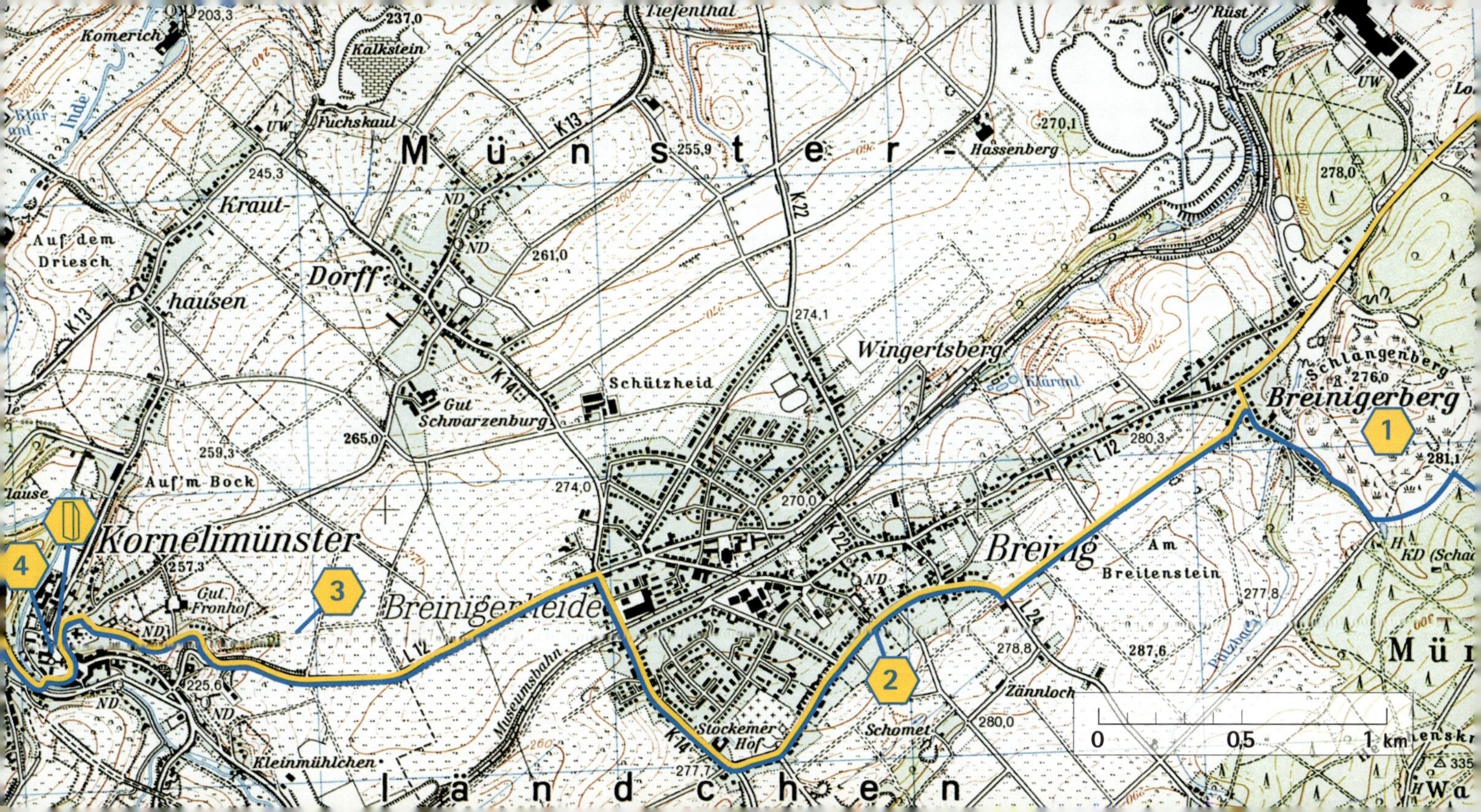
Münster-
ländchen
Kornelimünster
Breinigerheide
Breinig
Breinigerberg
Schlangenberg
Wingertsberg
Schützheid
Gut Schwarzenburg
Dorff
Kraut-
hausen
Auf dem Driesch
Auf'm Bock
Gut Fronhof
Kleinmühlchen
Museumsbahn
Stockemer Hof
Schomet
Zännloch
Am Breitenstein
Hassenberg
Tiefenthal
Kalkstein
Fuchskaul
Komerich
Inde
1
2
3
4
0
0,5
1 km

1 Naturschutzgebiet Schlangenberg

Das Naturschutzgebiet beherbergt mit seiner Galmeitrift eine der eigentümlichsten und seltensten Pflanzenbestände im Rheinland. Die Ursache für die Entstehung dieser kurzrasigen, an Bäumen und Sträuchern armen Vegetationsform ist in den zinkhaltigen Galmeiböden zu suchen, die hier oberflächennah zu Tage treten bzw. bergbaubedingt durch Abraumablagerung entstanden sind. Aufgrund ihrer lebensfeindlichen, toxischen Eigenschaft können diese nur von schwermetalltoleranten Pflanzen besiedelt werden. Vor allem Mitte Mai steht die nach dem Galmeierz benannte Pflanzengesellschaft mit dem gelbblühenden Galmeiveilchen, der rosablühenden Galmei-Grasnelke, dem weißblühenden Galmei-Taubenkropf und vielen anderen in voller Blüte. Der kleinräumige Wechsel von Erz- und Kalkgestein bedingt eine mosaikartige Verzahnung von Galmeitrift und Kalkmagerrasen. Letztgenannter ist besonders am Fuß des Schlangenberges sehr üppig ausgeprägt mit Arten wie dem gelbblühenden Echten Labkraut, der Rundblättrigen Glockenblume, dem Heilziest, dem Kleinen Thymian, dem Dost und dem Deutschen Enzian. Die Blütenpracht lockt spezielle Insekten an wie z.B. das Blutströpfchen, den Perlmutterfalter oder die ihre Farbe der Umgebung anpassungsfähige Krabbenspinne.

Blutströpfchen

Schlangenberg

Rundblättrige Glockenblume

Galmei-Grasnelke

Galmei-Veilchen

2 *Alt Breinig*

Bruchstein- und Fachwerkbauweise, Alt Breinig

Breinig lag bereits zur Römerzeit an einer wichtigen Verkehrsader. Die Einwohner des alten Dorfes, das mit seinen Winkelhöfen ein selten gut erhaltenes Ensemble darstellt, waren darauf angewiesen, ihren Unterhalt neben der Landwirtschaft durch den Abbau von Steinen, Erzen und Galmei zu bestreiten. Die ursprünglichen Fachwerkhäuser wurden sukzessiv mit Baumaterial aus der Umgebung – dem Kalk-, Dolomit- und Sandstein „versteinert", wodurch das Ortsbild seinen Charakter erhielt. Die reichen Erzlager waren schon seit der Römerzeit bekannt. Auch das Patrozinium der Hl. Barbara, der Schutzheiligen der Bergleute, für die Breiniger Kirche verweist auf den hohen Stellenwert des Bergbaus.

3 *Tempelbezirk Varnenum*

Auf dem Bergrücken oberhalb Kornelimünsters liegt direkt neben der Straße von Breinig der gallorömische Tempelbezirk Varnenum. Die heute wieder in den Grundmauern rekonstruierte Anlage zeugt von einem geistigen und wahrscheinlich auch politischen Zentrum der gallorömischen Besiedlung nach der Eroberung Galliens durch Caesar. Der von

ihm in diesem Gebiet angesiedelte Stamm der Sunucer hatte wohl in dem Haupttempel, der der Göttin Sunuxsal gewidmet war, sein religiöses Zentrum. Daneben wurde die lokale Gottheit Varneno verehrt, wie entsprechende Weiheinschriften zeigen. Südlich an diese beiden gallorömischen Umgangstempel schließen sich mehrere kleinere Tempel an, die sich entlang der Umfassungsmauer aneinanderreihen. Archäologische Ausgrabungen verweisen auf einen älteren vorrömerzeitlichen Kultort. Untersuchungen im Umland des Tempelbezirks erbrachten den Nachweis einer umfangreichen Siedlung, die wahrscheinlich die Priesterschaft und die gallorömischen Pilger aufnahm.

Römische Tempelanlage Varnenum, Kornelimünster

4 *Kornelimünster*

Der heutige Ort Kornelimünster entstand im Jahr 814, als Ludwig der Fromme nach dem Tod seines Vaters Karl des Großen in der damals noch weitgehend unberührten Wildnis das Benediktinerkloster „apud indam" gründete. Er beauftragte den Gründungsabt, seinen Freund und

Orgelprospekt und Pilger an der Corneliussäule, St. Kornelius, Kornelimünster

Corneliuskapelle und Galerie, St. Kornelius, Kornelimünster

Berater Benedikt, ein Musterkloster für das gesamte Reich zu errichten. Durch den reichen Reliquienschatz, besonders aber durch die von Kaiser Karl dem Kahlen im Tausch erworbenen Reliquien des heiligen Papstes Cornelius, entwikkelte sich die Ansiedlung seit dem 13. Jh. zu einem bedeutenden Wallfahrtsort. Diese Berühmtheit führte schließlich zur Verdrängung des alten Klosternamens Inda zugunsten der Bezeichnung Kornelimünster. Äußerlich zeichnet sich die großartige ehemalige Abteikirche durch die barocke Heiligtumskapelle und die Galerie aus, von der aus die Heiligtümer gezeigt wurden. Alle sieben Jahre, zuletzt im Jahr 2000, sind die drei Tücher zu sehen, die nach der Tradition Jesu zugesprochen werden, das Fußwaschungstuch, das Grabtuch und das Schweißtuch. Im südlichen Seitenschiff, dem sogenannten Anna-Schiff, steht der Anna-Altar, den der Abt von Kornelimünster vor 500 Jahren bei dem berühmten Meister Tilmann in Köln in Auftrag gab, als ein hiesiger Steinmetz das Haupt der Hl. Anna von Mainz mitbrachte (s. S. 128). Im Westbau, der ehemaligen offenen Vorhalle und heutigen Werktagskirche kennzeichnen zwei große Steinplatten die Stellen, an denen Ludwig der Fromme und seine Frau begraben sein wollten. Letztlich wurden sie im Dom von Metz beigesetzt. Der Hl. Cornelius links vom Altar ist an dem Papststab und dem Horn (=cornu) in seiner Hand erkennbar. Den Sockel der Statue verzieren zwei Pilgerfiguren. Neben dem Heiligen führt eine Tür in die achteckige Kornelius-Kapelle, aus der eine Öffnung an der anderen Seite des Altars wieder herausführt. Die Pilger, die während der Corneli-Oktav im September kommen, gehen auf diesem Rundweg sowohl an der Cornelius-Büste als auch an dem Corneli-Horn vorbei, aus dem sie gesegnetes Wasser trinken können. Zur Erinnerung an die alte Sitte, dass die Pilger so viel Weizen für die Armen mitbringen sollten, wie sie selbst wogen, werden heute noch kleine Corneli-Brötchen verteilt.

TEILSTRECKE 7 B

Kornelimünster – Aachen

Wegebeschreibung und Hinweise

10 km

10 km

Schwierigkeitsgrad zu Fuß und per Rad: leicht bis mittel, überwiegend kombinierte Fuß- und Radwege, z.T. wassergebundene Wirtschaftswege, kurze Anstiege bei Kornelimünster und Burtscheid.

Ausgangspunkt Kornelimünster: Inde überqueren, rechts Napoleonsberg, links Schleckheimer Straße, nach ca. 100 m rechts Oberforstbacher Straße, nach Abtei rechts Bierstrauch, links Niederforstbacher Straße, nach ca. 50 m rechts Eicher Weg, rechts Aachener Straße – unter A 44 hindurch – Hitfelder Straße, nach Häusern landwirtschaftlicher Weg halblinks, am Ende rechts Wildparkweg, vor Ende Fuß-/Radweg links parallel zur Graf-Schwerin-Straße/Karl-Marx-Allee, am Ende rechts und nach ca. 30 m links Zeise St. Michael **5,** links An St. Johann bis St. Johann-Baptist **6**, Fußgänger rechts Klostertreppe hinab, Burtscheider Markt **7** überqueren und geradeaus Hauptstraße/Burtscheider Straße, **Radfahrer** links um Kirche, rechts durch Abteitor und rechts zum Burtscheider Markt **7** (Fußgängerzone), links Hauptstraße/Burtscheider Straße durch Marschiertor **8** geradeaus Franzstraße/Kleinmarschierstraße, am Ende rechts Münsterplatz Aachener Dom **9**, links um Dom bis Domhof mit Haupteingang.

Merian-Stich, Aachen (1647)

BRAND
Nieder-
forstbach
Kornelimünster
Hof
Lintert
Friedhof Lintert
Grauenhof
Linterterheide
Schöntal
Hitfeld
Pforte
Bobert
Eich
Im Krebsloch
Gut Lufterhof
Wildenhof
Kloster
Bierstrauch
Augustiner
wald
Bilstermühle
Klause
Steinebrück
Auf dem Driesch
Gut Gracht
Komer
Inde
Hitfelder Bach
Beverbach
Rollefbach
Holzbach
B 258
K 4
K 1
K 5
K 11
K 13
E 40
PH
0
0,5
1 km

5 Burtscheid / St. Michael

Ansicht von Burtscheid (1796), Museum Burg Frankenberg

Das Städtchen Burtscheid, das erst 1897 mit Aachen vereinigt wurde, verdankt ebenso wie die alte Kaiserstadt seine Gründung den heißen Quellen, die aus 3000 m tiefen Erdspalten sprudeln. Hier wie dort haben zunächst wahrscheinlich die Kelten und dann die Römer Bäder gebaut und ihre Gottheiten verehrt. Um das Jahr 1000 gründete der Abt Gregor aus Kalabrien, dessen bronzenes Standbild vor der katholischen Pfarrkirche St. Michael steht, auf dem Felsen über den Quellen eine Benediktinerabtei (Abb. S. 158). Sie wurde 1220 von Zisterzienserinnen übernommen, deren Äbtissinnen bis zur Säkularisation durch die Franzosen den Ort regierten. 1450 erhielt die Abtei ein Gasthaus mit einem Bade, in dem arme Reisende – also auch Pilger – und Kranke unentgeltlich beherbergt und gepflegt wurden. Nach der Säkularisation entwickelte sich aus dieser Einrichtung das heutige Marienhospital. Die Kirche St. Michael wurde anstelle eines älteren Baus Mitte des 18. Jh. neben der Abteikirche für die Burtscheider Bürger errichtet. Sie wurde nach Plänen des bekannten Aachener Architekten Johann Joseph Couven erbaut und enthält noch eine originale barocke Ausstattung, die reich an schönen Rocailleschnitzereien ist. Diese Muschelornamente entwickelten sich im 18. Jh. zum Namensgeber einer ganzen Stilepoche, des Rokoko. Der mächtige Hochaltar ist ein Musterbeispiel der Couven-Entwürfe, unter die auch Wenau und Kornelimünster fallen.

6 *St. Johann-Baptist*

St. Johann-Baptist war eine wichtige Station am historischen Pilgerweg von Kornelimünster nach Aachen. Nach der Einführung des Siebenjahresrhythmus im 14. Jh. (s. S. 162) bürgerte es sich ein, im Rahmen der Aachenfahrt weitere sechs umliegende Wallfahrtsorte und außerdem weitere sechs Kirchen in Aachen aufzusuchen, um so immer wieder auf die heilige Zahl sieben zu kommen. Zu den Kirchen zählten die Abteikirchen von Burtscheid und Kornelimünster, zu den Orten Köln, Trier, Mönchengladbach, oder, je nach Herkunft, Maastricht, Tongeren oder Süsteren. Die heutige Kirche des 18. Jh. folgte einem romanischen und einem gotischen Bau. Auch sie wurde von J J. Couven entworfen und gilt als der bedeutendste barocke Sakralbau zwischen Rhein und Maas. Die achteckige Kuppel des Zentralbaus ähnelt der des Aachener Doms. Die hellen Blausteinelemente der Fensterrahmungen, Kapitelle und Gesimse lokkern und gliedern das rote Ziegelmauerwerk der Fassade. Das Innere der Kirche wirkt dadurch, dass der größte Teil des Inventars im letzten Krieg verloren ging, eher kühl. Acht Muschelnischen im dominierenden Kuppelraum nehmen Apostelstatuen auf, eine der barocken Eichenholzfiguren repräsentiert Jakobus d. Ä. Der heutige klassizistische

Evermarus-Reliquiar, St. Johann-Baptist, Burtscheid

Abt Gregor, Michaelskirche, Burtscheid

Altar stand 1804-1873 im Dom. Er war eine Stiftung Napoleons an den von ihm eingesetzten Bischof Bardolet. Vom Wohlstand der Reichsabtei kündet der bedeutende Reliquienschatz, der jeden ersten Dienstag im Monat um 16 Uhr zugänglich ist. Für Jakobspilger von besonderem Interesse ist ein mit vier vergoldeten Muscheln verziertes Büstenreliquiar mit der Hirnschale des Hl. Evermarus. Der friesische Edelmann soll um das Jahr 700 nach einer Wallfahrt nach Santiago de Compostela auf dem Weg zum Grab des Hl. Servatius in Maastricht von Räubern in Rutten bei Tongern (Belgien) erschlagen worden sein. Bei der Kapelle über seinem Grab, die der Burtscheider Abtei unterstellt war, wird der Gedenktag des Heiligen noch heute mit einem großen Fest am 1. Mai begangen (Abb. Umschlag hinten).

7 Burtscheider Markt

Der Zugang vom Burtscheider Markt zum Abteigelände führte durch eine Toranlage mit Wohnteil. Mit dem Wechsel von Ziegelmauerwerk und Blausteinelementen zeigt sie die im ganzen Maasraum zur Zeit der Renaissance ausgeprägten Materialstil (s. S. 138). Am Thermalbrunnen besteht die Möglichkeit, das frische Quellwasser zu kosten, das eine Austrittstemperatur von 74° hat. Der Burtscheider Quellenzug, der parallel zum Aachener verläuft, speiste bereits eine römische Badeanlage. Ein Weihestein im benachbarten Schwertbad erinnert an die Heilung eines römischen Offiziers durch die Burtscheider Quellen (fluoridhaltige Natrium-Chlorid-Hydrogencarbonat-Therme).

Am Ende des Marktes und Beginn des Kurparks wartet das Haus des Gastes, das ehemalige Burtscheider Rathaus, mit Informationen zu Bad und Stadt Aachen auf. Unter preußischer Verwaltung im Stil des Klassizismus 1824 für die unabhängige Stadt Burtscheid fertiggestellt, verlor das Gebäude bereits mit der Eingemeindung 1897 seine ursprüngliche Funktion.

8 *Marschiertor*

Die Burtscheider Hauptstraße bergan führt der traditionelle Pilgerweg über den Krugenofen, der seinen Namen von den anliegenden Töpfereiöfen erhielt, gerade auf den mächtigen Baukörper des Marschiertors zu. Als eins der elf Tore des äußeren Befestigungsrings wurde es im 13. Jh. überwiegend aus Kalkstein errichtet. In einer Nische über dem Durchgang mit schwerem Fallgatter erwartet den Ankömmling eine kleine Muttergottes-Statue. Jenseits führt die ehemalige Marschiertorstraße, die 1818 nach dem hier wohnenden Kaiser Franz von Österreich in Franzstraße umbenannt wurde, direkt ins Herz der Stadt.

Jakobspilger bei der Zeigung der Heiligtümer (Detail, 1622), Museum Burg Frankenberg, Aachen

„Der angesehene Metzer Bürger Philipp von Vigneulles unternahm 1510 gemeinsam mit 16 Reitern eine Pilgerfahrt über Luxemburg, St. Vith und Maastricht nach Aachen, Kornelimünster und Düren, über die er in seinem Lebensbericht ausführlich erzählt. Um die kostbaren heiligen Reliquien zu sehen, fand sich eine so ungeheuer große Volksmenge ein, dass diejenigen, die nie dagewesen sind, es für unglaublich halten. Ein jeder nahm einen möglichst guten Platz ein, denn alle Häuser rings um die Kirche waren so mit Leuten angefüllt und mit dicken Holzbalken so stark abgestützt, dass es zum Verwundern war. Ich versichere euch, das Gedränge war derartig, dass wenn irgend jemandem ein Geldstück aus der Hand gefallen wäre, es ihm unmöglich gewesen wäre, es aufzuheben, und in Folge des Gedränges wurden die Leute hochgehoben und weitergetragen."

(Kirchenzeitung für das Bistum Aachen, Sonderausgabe zur Aachener Heiligtumsfahrt 2000)

Aachener Dom, Westturm

9 *Aachener Dom*

Als einmaliges Zeugnis abendländischer Baukunst wurde der Aachener Dom 1978 als erstes deutsches Denkmal in die Liste der UNESCO-Weltkulturgüter aufgenommen. Die spannungsreiche und zugleich malerische Gruppierung der karolingischen, gotischen, barocken und neugotischen Baukörper zeigt sich bei einem Gang um die Gesamtanlage insbesondere vom nördlichen Katschhof. Die Krönungskirche von über dreißig deutschen Königen und Begräbnisstätte Karls des Großen ist nicht nur Zeugnis einer über tausendjährigen Geschichte, sondern eines der großen abendländischen Pilgerziele. Schon der von Karl dem Großen 881 vor den Normannen in Sicherheit gebrachte Reliquienschatz – das Kleid der Gottesmutter, die Windeln Jesu, das Enthauptungstuch Johannes des Täufers und das Lendentuch Christi – lockte Pilger aus aller Welt in die Pfalzkapelle. Weiteren Aufschwung erhielt die Aachenfahrt nach der Heiligsprechung Karls des Großen durch Friedrich Barbarossa (1165). Die Anfertigung des Karls- und des Marienschreins (1165), der Bau der gotischen Chorhalle und großzügige Stiftungen wie die Ungarnkapelle bezeugen die Bedeutung der ganz Mitteleuropa erfassenden Wallfahrt. Die Zeigung der Heiligtümer in der Woche des Kirchweihfestes (17. Juli) im siebenjährigen Turnus bildete sich im Jahr 1349 heraus. Ihm schlossen sich auch Kornelimünster, Burtscheid, Maastricht, Düren und Trier an, so dass die Pilgerfahrten sich zu einem kulturell und wirtschaftlich bedeutenden Ereignis entwickelten.

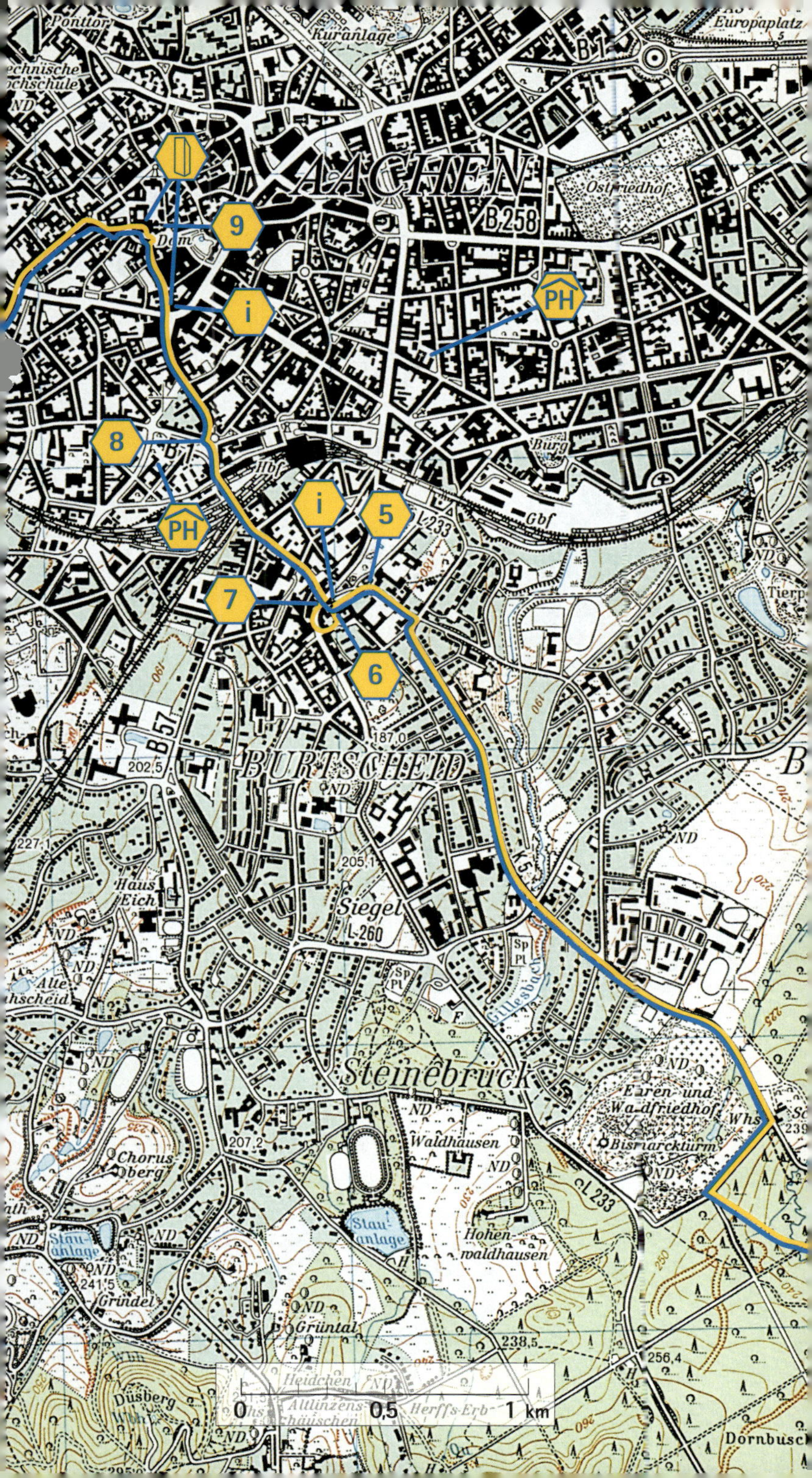
Ponttor
Kuranlage
Europaplatz
AACHEN
B258
Ostfriedhof
Dom
9
i
PH
8
PH
i
5
7
6
Hbf
Burg
Gbf
L 233
187,0
202,5
B57
BURTSCHEID
ND
205,1
227,1
Haus Eich
Siegel
L-260
Gillesbach
Steinebruck
Whs
Bismarckturm
Waldhausen
Hohenwaldhausen
L 233
Chorusberg
207,2
Stauanlage
Stauanlage
241,5
Grindel
Grüntal
238,5
256,4
Heidchen
Herffs-Erb
Düsberg
Dornbusch
0
0,5
1 km

Jakobus, Gregormesse (1525), Domschatzkammer Aachen

Der Siebenjahreturnus der Aachener Heiligtumsfahrt

Im Jahre 1300 richtete Papst Bonifaz VIII. ein Jubeljahr (annus iubileus) ein, in dem der Besuch der römischen Basiliken mit dem „vollkommenen Nachlaß der Sündenstrafen" belohnt wurde. Von ihm leitet sich auch das deutsche Wort Jubiläum her. „Jobel" heißt im Hebräischen das Widderhorn, sowie sein Klang, mit dem nach 7x7 Jahren der Beginn des Versöhnungsjahres eingeleitet wird, in dem „jedermann wieder zu den Seinen kommen soll" und die Schulden erlassen werden (AT, 3. Mose 25,10). Seit 1349, 7x7 Jahre nach dem Jubeljahr, als die Pest westlich des Rheins zahllose Opfer forderte, lässt sich in Aachen der siebenjährige Turnus der Heiligtumsfahrten erstmals nachweisen. Auch die in Form eines Widderhornes gebogenen „Aachen-Hörner" (s. S. 134), die extra für die Aachenfahrt entwickelt und bei der Zeigung der Heiligtümer geblasen wurden, weisen auf diesen alttestamentarischen Zusammenhang hin. Einen Tag nach Abschluss der siebentägigen Heiligtumsfahrt 1349, am 25.Juli, dem Festtag des hl. Jakobus, ließ sich Karl IV. im Aachener Dom krönen. *(nach Axel Hausmann: Aachen im Mittelalter, Aachen 2001)*

Auch als Sammelort der Jakobspilger spielt der Aachener Dom eine besondere Rolle: Schon früh entstand die Legende, dass Jakobus Karl dem Großen drei Mal im Traum erschienen sei und ihn aufgefordert habe, zu ihm über den „Sternenweg" nach Galizien zu kommen, um die Sarazenen zu vertreiben und das Apostelgrab aufzusuchen. Die Dachreliefs des Karlsschreins stellen ausführlich Karls legendären Zug nach Spanien dar. Das erste Relief zeigt Karl den Großen, dem der hl. Jakobus im Traum erscheint und ihn auffordert: „Karl, erhebe dich, komm! Ich kam, dir Galicien zu geben!".

Ausführlicher als auf der Inschrift des Schreins sagt Jakobus im Pseudo-Turpin, einer Karls-Vita des 12. Jh.: „Ich wundere mich über die Maßen darüber, dass du mein Land noch nicht von den Sarazenen befreit hast, der du so viele Städte und Länder erobert hast. Darum tue ich dir kund, dass der Herr, so wie er dich zum mächtigsten der Könige machte, dich vor allen anderen dazu erwählt hat, meine Straße zu bereiten ... und dir so die Krone des ewigen Lebens bereit zu halten. Die Sternenstraße, die du am Himmel gesehen hast, bedeutet, dass du mit Heeresmacht zum Kampf gegen das ungläubige Heidenvolk, zur Befreiung meiner Straße und meiner Erde und zum Besuch meiner Kirche und meines Grabes aus dieser Gegend nach Galizien ziehen sollst. Und nach dir werden alle Völker, von Meer zu Meer wandernd und Vergebung ihrer Sünden vom Herrn erflehend, dorthin ziehen, und sie erzählen das Lob Gottes und seine Macht und die Wunder, die er tat."

Aufschlussreich ist, dass die Reihe der Apostel mit Maria als Chorpfeilerfiguren nicht wie im Kölner Dom von Jesus, sondern von Karl dem Großen angeführt wird: Karl als Gottes Stellvertreter auf Erden.
Die Domschatzkammer, die als die bedeutendste kirchliche Schatzkammer nördlich der Alpen gilt, komplettiert mit Schätzen wie dem Lotharkreuz und der Karlsbüste das Bild des Aachener Doms als Heiligtumskammer. Zwei im Parterre ausgestellte Kunstwerke zeigen den Apostel Jakobus als Pilger: die Gregormesse von Hildesheim (um 1525) und der Apostel-Altarvorsatz.

Sternenweg auf dem Dachrelief des Karlsschreins, Aachener Dom

AACHEN – BELGISCHE GRENZE

ETAPPE 8

Zunächst folgt der Weg der Jakobstraße über einen Bergsporn, der von den Höhen des Aachener Waldes bis zum Markt führt. Über die anschließende Lütticher Straße wälzte sich bis zum Bau der Autobahn der gesamte deutsch-belgische Verkehr. Mit dem Preusweg, der seinen Namen vom Grenzwald und nicht von den Preußen herleitet (Preuse = Einfassung, Grenze), betritt der Wanderer ein ruhigeres Wohnviertel, an dessen Ende das Forsthaus Adamshäuschen liegt. Ab hier führt der Weg durch den Wald steil bergan ins benachbarte Ausland. Zahlreiche Kreuze am Wegesrand kennzeichnen den 250-jährigen Prozessionsweg bis Moresnet. In Belgien übernimmt die Société des Amis de Saint Jacques die Wegbegleitung über Moresnet-Village und Henri-Chapelle nach Clermont, wo die nächste Jakobskirche ruft. Eine attraktive autoverkehrsfreie Alternative stellt auf belgischer Seite die „EuroVelo"-Route dar. Als Teil des Europäischen Fernradwegenetzes verläuft sie von Hombourg bis Lüttich relativ eben auf einer stillgelegten Bahnlinie bis Lüttich. Die Wegestrecke zu Fuß und per Rad ist bis zur belgischen Grenze identisch; Wegelänge ca. 5 km, von dort über Moresnet-Chapelle bis Clermont ca. 18 km.

5(23) km

Anfahrt: ab Köln Hbf mit RE oder RB bis Aachen Hbf. Fahrzeit ca. 1 Std., täglich: 2 mal stündlich.

Pilgerspuren...

Pilgerweg

„Im Frühjahr 1985 sind wir von Aachen nach Santiago gefahren. Unser Weg ging über mittelalterliche Pilgerstrecken, oder besser über deren moderne Überbauten, Autobahnen, Asphaltstraßen. Die Reise war ganz schön anstrengend, wollten wir doch mit einem Reisebus in gut zwei Wochen die Strecke bewältigen, auf der die Fußpilger des Mittelalters von zeitigen Frühjahr bis zum Beginn des Winters – oder auch oft ein ganzes Jahr – unterwegs waren. Wir verlassen die Stadt über die Jakobstraße, eine der großen Straßen auf römischem Grund, welche die Stadt am Jakobstor, der mittelalterlichen Stadtmauer, hinter sich ließ. Jakobstraße, Jakobstor ... hier wird die Pilgertradition deutlich. Nicht eine lokale Jakobusverehrung ist mit diesen Namen gemeint, sondern die Funktion des Sammelns zur Jakobsfahrt ins ferne Spanien." (Heinz Malangré: Auf Pilgerfahrt nach Santiago de Compostela, Aachen 1987). Wie der

Patronatsfahne, St. Jakob, Aachen

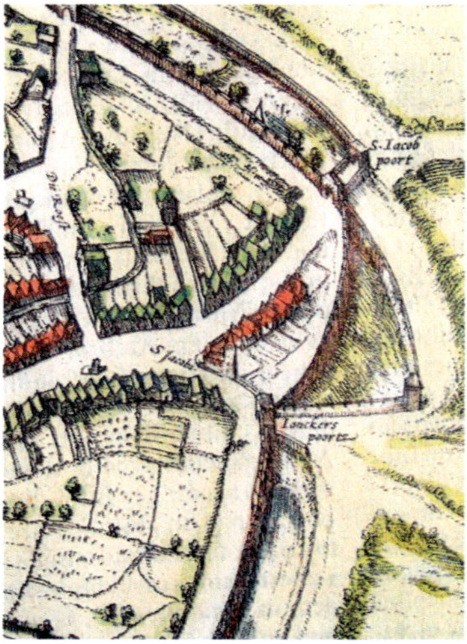

Jakobsviertel auf dem Hogenberg-Plan von Aachen (1572)

ebenso zitierte Bericht des Künig von Vach (s. S. 146) beweist, wählten andere Santiago-Pilger gern den Weg über Maastricht, wo sie das Grab des Hl. Servatius besuchten. Bei Grabungen in der ehemaligen Leprosenstation nördlich der hier beginnenden Vaalser Straße wurde 1972 ein Toter mit lepraspezifischen Knochenveränderungen freigelegt, den zwei „St. Jakobspilgermuscheln" als Rückkehrer von Compostela auswiesen. Da die zur Befestigung durchbohrten Muscheln nebeneinander in Höhe der Brust lagen, ist anzunehmen, dass sie an der Pelerine, dem Pilgerumhang (frz. pélerin = Pilger) und dem Pilgerhut befestigt waren, den man dem Toten auf die Brust gelegt hatte. Die Grabungsfunde sind im Museum Frankenberg ausgestellt, wo diesem Thema ein ganzer Raum gewidmet ist.

Pilgerflasche (Replik), Museum Burg Frankenberg, Aachen

Wegebeschreibung und Hinweise

Schwierigkeitsgrad: mittel, auf Straßen und befestigten Wegen.

Ausgangspunkt Dom/Aachen: geradeaus Rennbahn, rechts Klappergasse, links Jakobstraße an St. Jakob **1** vorbei bis Ende, geradeaus Lütticher Straße, Amsterdamer Ring nach Überqueren rechts, links Preusweg, nach Parkplatz „Adamshäuschen" links bergan Karlshöher Talweg, nach 80 m vor dem Schutzpilz Spitzkehre rechts bergan Friedrichsweg, an Gabelung links Moresneter Weg **2,3** folgen.

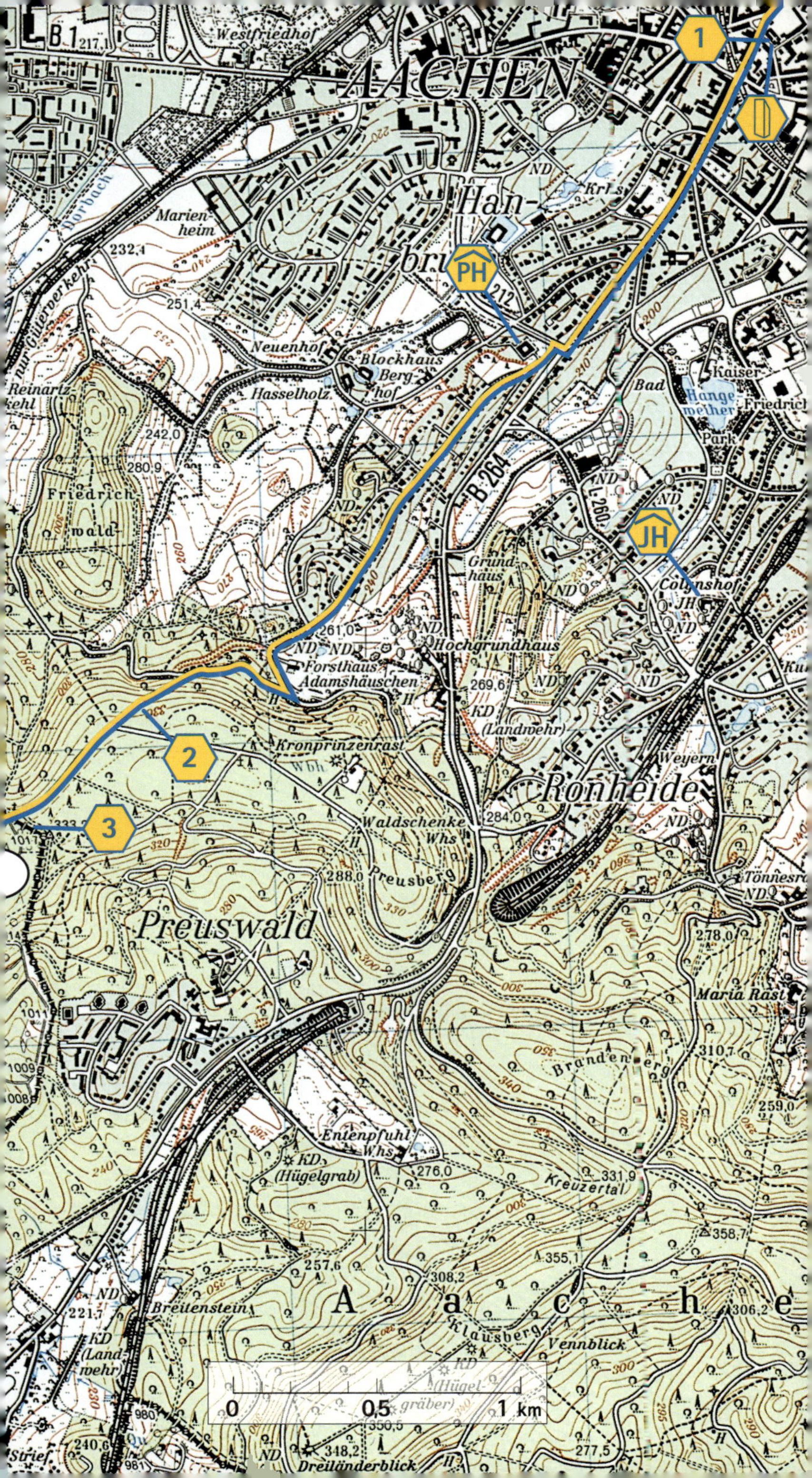

AACHEN
Westfriedhof
B 1
Marienheim
Hanbruch
PH
Neuenhof
Blockhaus
Berghof
Hasselholz
Reinartzkehl
Friedrichwald
Forsthaus Adamshäuschen
Hochgrundhaus
Grundhaus
B 264
L 260
JH
Colynshof
Bad
Hangeweiher
Kaiser Friedrich Park
Kronprinzenrast
Waldschenke Whs
Preusberg
Ronheide
Preuswald
Tönnesrath
Maria Rast
Brandenberg
Entenpfuhl Whs
KD (Hügelgrab)
Kreuzertal
Breitenstein
Klausberg
Vennblick
Aachener
Dreiländerblick
1
2
3
0
0,5
1 km

Sehenswürdigkeiten entlang der Strecke

1 St. Jakob

Am höchsten Punkt der historischen Stadt, dort, wo sich die Wege nach Maastricht und Lüttich trennen, liegt der Jakobsplatz mit einer Kreuzanlage. Sie trat 1893 anstelle der alten Jakobskirche, die im 12. Jh. entstand, als Jakobuspatrozinien und die Pilgerfahrten zum Grab des Apostels zunahmen. Im Zuge der Bruderschaftsgründungen des 15. Jh. entstand an St. Jakob eine Jakobus-Bruderschaft. Ihre Mitglieder erbauten den sogenannten 'Kleinen Jakob', eine mit Pilgerspital und Friedhof verbundene Kapelle, die in der Kleinmarschierstraße stand. Als im Zeitalter des Barock die Bezeugung des Glaubens in der Öffentlichkeit durch Prozessionen stark zunahm, wurde auch eine Prozession am Jakobstag eingeführt. 1688 erteilte Papst Innozenz XI. allen Gläubigen, die an diesem Tag nach dem Empfang der Sakramente in St. Jakob nach Meinung des Heiligen Vaters beten, einen vollkommenen Ablass. Mit großem Engagement kümmerte sich die Pfarre aber ebenso um die Armen des Bezirks, an die regelmäßig Essens- und Geldgaben ausgeteilt wurden. Die Begünstigten hatten sich durch ein Bleizeichen auszuweisen, das neben dem Aachener Stadtwappen die Buchstaben SJ (Sankt Jakob) und auf der Rückseite zwischen der Jahreszahl eine Jakobsmuschel zeigt. Als die Bevölkerung im 19. Jh. im Zuge der Industrialisierung sprunghaft anstieg, wurde der Bau einer größeren Kirche erforderlich. Am Jakobusfest 1877 erfolgte die Grundsteinlegung der vom renommierten Kölner Architekten Heinrich Wiethase entworfenen Kirche, die ihre äußere Gestalt bis

Jakobus tauft Josoa, Altarflügel, St. Jakob, Aachen

Kirchenschatz mit Jakobusdarstellungen, St. Jakob, Aachen

heute gewahrt hat. Die Formensprache der Kölner romanischen Kirchen ist bei einem Gang um das Gotteshaus unverkennbar. Von Wiethases Innenausstattung ist trotz starker Umbauten in der Nachkriegszeit noch einiges Mobiliar erhalten; die Flügeltüren des von ihm entworfenen Hochaltars mit zwei Szenen aus dem Leben des Hl. Jakobus befinden sich heute im östlichen Querhaus. Ebenso zur Originalausstattung gehört die Kanzel, auf deren rechtem Feld die Aussendung der Jünger, unter ihnen Jakobus, zu sehen ist. Die Jakobusstatuen im rechten Seitenschiff und am Eingang stammen aus dem 19. Jh.

Die vier Fenster im rechten Seitenschiff zeigen die vier Kirchenpatrone, außer Jakobus die Nebenpatrone Hubertus, Quirinus und Gerlach, die

Pfarrstempel St. Jakob, Aachen (Batik)

ihnen zu Ehren kurz nach dem Zweiten Weltkrieg aus Industrieglasresten von Heinrich Junker erstellt worden sind. Ein modernes Fenster mit zehn Pilgermuscheln von Irene Rottweiler-Hugot, 1983/84 erinnert an den Weg nach Santiago. mit einer Jakobusdarstellung.

2 Moresneter Prozessionsweg

'Mittwochs-Prozession' von Aachen nach Moresnet

Ab dem Aachener Wald folgt der Pilgerweg dem Moresneter Prozessionsweg. Auch heute noch bricht jeden Mittwoch um 11 Uhr am Anfang des Preusweges vor dem Kloster der Elisabethinnen, wo das Prozessionskreuz aufbewahrt wird, eine Gruppe auf; ihr schließen sich am Parkplatz Adamshäuschen weitere Gläubige an. Gemeinsames Ziel des

ca. 4 km langen Fußweges ist eine Marienstatuette, die seit dem 18. Jh. zunächst in einer Eiche, später in einer Kapelle verehrt wird. Viele Aachener gehen am Karfreitag zu dem ca. 1900 angelegten Kalvarienberg. Die an Rhododendron überreiche Grünanlage mit 12 Stationen wurde von Franziskanern angelegt, die während des Kulturkampfes (1875 – 87) aus Aachen verwiesen, die Betreuung des belgischen Marienwallfahrtsortes übernahmen.
Die Geschichte der Prozessionen von Aachen nach Moresnet ist ein Spiegelbild der Menschen der Grenzregion, die bis heute eng miteinander verbunden sind.

3 *Landesgrenze*

Kurz vor der Landesgrenze erinnern die Betonhöcker rechts und links des Weges an die 155 km lange Befestigungslinie des Westwalls. Das Mythos dieses Grenzhindernisses, mit dessen Bau Hitler ab 1938 zeitweise eine halbe Million Menschen beschäftigte, wurde erst nach langen Stellungskriegen im Frühjahr 1944 gebrochen. Der deutsch-belgische Grenzverlauf auf der Höhe ist durch verwachsene Rotbuchen und vereinzelte Grenzsteine mit dem Doppeladler markiert. Sie sind Teil des Grenzgrabens des Aachener Reichs von 1611.

Informationen und Unterkünfte

Jakobusgesellschaften

Deutsche St. Jakobus-Gesellschaft e.V. : Harscampstr. 20 / D-52062 Aachen
Tel.: 0241-4790-127 / http://home.t-online.de/home/jakobuspilger.aachen.htm

Sankt-Jakobusbruderschaft Düsseldorf e.V.: Rathausstr. 29 / D-42659 Solingen
Tel.: 0212/815747 / http://home.t-online.de/home/jakobuspilger/duessel.htm

Für Pilger in Köln: Santiago-Freunde Köln / Melanchthonstr. 24 / D-51061 Köln
Tel.: 0221/645044

Westfalen: Freundeskreis der Jakobuspilger Paderborn / Am Niesenteich 9 / D-33100 Paderborn / Tel: 05251/407700 / http://home.t-online.de/home/jakobuspilger/pader.htm

Belgien: Association des Amis de Saint Jacques / Rue de Marbais 7
6320 Villers-la-Ville
Bezug: Führer durch Belgien: Léon Gilson / Chemin de Champlon 32 / 6900 Marche
Tel.: 0032/84/312353

http://home.t-online.de/home/wolfgang-simon/jak-link.htm

Weitere Adressen und Auskünfte

Spezialist für Jakobusliteratur: Manfred Zentgraf / In den Böden 38 / D-97332 Volkach
Tel.: 09381/4492 / http://home.t-online.de/home/jakobuspilger. zentgraf

Jakobusweg im Internet: www.xacobeo.es
http://home.t-online.de/home/jakobuspilger/pilger.htm

Fahrplanauskünfte: www.db.de / Tel.: 01803504030

Kirchen: www.erzbistum-koeln.de / www.bistum-aachen.de / www.ekir.de
Tel.: Das Örtliche unter Kirchen

Etappe 1: Wuppertal-Beyenburg – Wermelskirchen

Touristeninformation:
Wuppertal: Döppersberg 42 / 42103 Wuppertal / Tel.: 0202/5632270
www.wuppertal.de · ***Remscheid:*** Berghauser Str. 62 / 42859 Remscheid
Tel.: 02191/92320 / www.remscheid.de · ***Wermelskirchen:*** Telegrafenstr. 29-33
42929 Wermelskirchen / Tel.: 02196/710103 / www.wermelskirchen.de

Unterkünfte in W.-Beyenburg, R.-Lennep und Wermelskirchen:
Hotel Mallach / Öhder Str. 71 / 42289 Wuppertal-Beyenburg / Tel.: 0202/606551
Hotel Berliner Hof / Mollplatz 1 / 42897 Remscheid-Lennep / Tel.: 02191/609210
Hotel König von Preußen / Alter Markt 2 / 42897 Remscheid-Lennep / Tel.: 02191/668267 · Hotel Zum Schwanen / Schwanen 1 / 42929 Wermelskirchen / Tel.: 02196/7110 · Hotel Zur Eich / Eich 7 / 42929 Wermelskirchen / Tel.: 02196/72700

Hinweise / Öffnungszeiten zu Besonderheiten:

5 St. Bonaventura / tagsüber geöffnet außer montags

7 Deutsches Röntgen-Museum, Remscheid-Lennep/ Schwelmer Str. 41 / Tel.: 02191-62759 / www.roentgen-museum.de / Di-Fr 10-18 Uhr, Sa und So 11-18 Uhr, Eintritt frei, Führungen nach Voranmeldung

7 Tuchmuseum, Remscheid-Lennep / Hardtstr. 2 / Tel.: 02191/669264
www.bergisches-staedtedreieck.de/tuchmuseum_lennep / Di 12-16 Uhr, So 14-17 Uhr oder nach Vereinbarung

11. Ev. Stadtkirche / Besuch nach tel. Rücksprache (0 21 96/53 52)

Etappe 2: Wermelskirchen – Odenthal

Touristeninformation:
Odenthal: Bergisch Gladbacher Str. 2 / 51519 Odenthal / Tel.: 02202/710132
www.odenthal.de

Unterkünfte in Altenberg und Odenthal:
Hotel Altenberger Hof / Eugen-Heinen-Platz 7 / 51519 Odenthal-Altenberg / Tel.: 02174/ 4970 · Hotel Wißkirchen / Am Rösberg 2 / 51519 Odenthal-Altenberg / Tel.: 02174/ 67180 Bergisches Haus / Dorfstr. 12 / 51519 Odenthal / Tel.: 02202/79892 · Hotel Zur Post Altenberger-Dom-Str. 23 / 51519 Odenthal / Tel.: 02202/977780 · Jugendbildungsstätte Haus Altenberg e.V. und Haus Morimond - Kleine Klausur - / Ludwig-Wolker-Str. 12 51519 Odenthal-Altenberg / Tel.: 02174/4190 (Pilgerherberge)

Hinweise / Öffnungszeiten zu Besonderheiten:

4 Neuemühle, Kartoffelhaus / Neuemühle 1 / 42929 Wermelskirchen Tel.: 02196/ 971674 / Mo-Fr 18 bis 24 Uhr, Sa, So und Feiertage 11 bis 24 Uhr

5 Rausmühle / Rausmühle 1 / 42929 Wermelskirchen / Tel.: 02193/813 Di-So 11.30 -22 Uhr

8 Altenberger Dom / www.altenberger-dom.de / Führungen: März bis Dezember So 16 Uhr oder nach tel. Anmeldung: 02174/4533 bzw. 4282

Etappe 3: Odenthal – Köln

Touristeninformation:
Köln: Unter Fettenhennen 19 (Nähe Hbf) / 50667 Köln / Tel.: 0221/19433 / www.koeln.de

Unterkünfte in Köln:
Kolpinghaus International / St.-Apern-Str. 32 / 50667 Köln / Tel.: 0221/20930 (Pilgerherberge) · St. Pantaleons Kloster / Am Pantaleonsberg 10 / 50676 Köln / Tel.: 0221/ 321007 / für Jakobspilger mit Pilgerpass DM 35,-/Nacht (Pilgerherberge) · Jugendgästehaus (Jugendherberge Riehl) / An der Schanz 14 / 50735 Köln / Tel.: 0221/ 767081 · Jugendherberge Deutz / Siegesstr. 5a / 50679 Köln / Tel.: 0221/8879110 · Station – Backpacker's Hotel / Marzellenstr. 44 - 48 / 50670 Köln / Tel.: 0221/9125301

Hinweise / Öffnungszeiten zu Besonderheiten:

5 Kölner Dom / www.koelner-dom.de / 6- 19.30 Uhr / Führungen (einschl. verschlossener Innenchor): Mo-Sa 11, 12, 14, 15.30, Mo-So 14 und 15.30 Uhr (Sa ohne Chorumgang)

6 St. Kunibert, Köln, Kunibertsklostergasse / 9-12, 15-18 Uhr

7 St. Ursula, Köln, Ursulaplatz / Sa 10-12, 14-16, So 14-17 Uhr / Besichtigung der Goldenen Kammer: Sa 10-12 und 14-16 Uhr , So 14-16.30; an den übrigen Tagen nach tel. Absprache mit Domforum: 0221/92584720

8 St. Mariä Himmelfahrt, Köln, Marzellenstr. / 8-18 Uhr / Besichtigung nach tel. Absprache: 0221/137130, außer Mo

9 St. Maria im Kapitol, Köln, Kasinostr. / 9.30-18 Uhr, Führungen jeden letzten Sonntag im Monat nach der 10.30 Uhr - Messe

11 St. Peter, Köln, Jabachstr. und Museum Schnütgen, Cäcilienstr. / www.museenkoeln.de 11-17 Uhr / Führungen: Mi 14.30, So 11 Uhr / Museum Di-Fr 10-17 / Sa/So 11-17 Uhr

12 St. Aposteln, Köln, Apostelnkloster (Neumarkt) / www.st-aposteln.de / 10-12 und 15-17 Uhr, außer Di

Etappe 4: Köln – Kerpen

Touristeninformation:
Pulheim: Alte Kölner Str. 26 / 50259 Pulheim / Tel.: 02238/808107 / www.pulheim.de
Kerpen: Jahnplatz 1 / 50171 Kerpen / Tel.: 02237/58200 / www.stadt-kerpen.de

Unterkünfte in Brauweiler und Kerpen:
Abtei-Park-Hotel / Bernhardstr. 50 / 50259 Pulheim / Tel.: 02234/81058 · Hotel Schugt Ehrenfriedstr. 14 / 50259 Pulheim / Tel.: 02234/82774 · Hotel Mathildenhof / Mathildenstr. 30 / 50259 Pulheim / Tel.: 02234/803737 · Haus der Begegnung / Höhenweg 51 / 50169 Kerpen-Horrem / Tel: 02273/6062 (Pilgerherberge) · Gästehaus Am Broich / Broichmühlenstr. 52 / 50171 Kerpen / Tel.: 02237/2753 · Hotel St. Vinzenz / Stiftsstr. 65 / 50171 Kerpen / Tel.: 02237/923140 · Hotel Wasserburg / Am Hubertushof 1 / 50171 Kerpen-Merzenich / Tel.: 02275/919900 · Kolpinghaus Kerpen / Kölner Str. 13 / 50171 Kerpen / Tel/Fax: 02237/2591 (Pilgerherberge)

Hinweise / Öffnungszeiten zu Besonderheiten:

4 St. Vitalis, Köln / www.vitalis-pankratius.de / Besuch n. tel. Absprache: 0221/4911868

5 St. Jakobus, Köln-Widdersdorf, Hauptstr. / geöffnet täglich von 9-12, außer Mo

7 Abtei Brauweiler, Pulheim-Brauweiler / Ehrenfriedstr. 19 / Kirche St. Nikolaus Sa und So 14-19 Uhr / Abteihöfe 9-16.30 Uhr / Führungen nach tel. Absprache: Tel.: 02234/9854257

10 Hildebold-Kirche, Königsdorf / Di-Fr 9-12, 15-17 Uhr

14 Schloss Lörsfeld (Restaurant), Kerpen / Tel.: 02273/57755

Etappe 5: Kerpen – Düren

Touristeninformation:
Düren: Wilhelmstr. 34 - 36 / 52349 Düren / Tel.: 02421/252003 / www.dueren.de

Hinweise / Öffnungszeiten zu Besonderheiten:

1 Geburtshaus Adolf Kolping / Kerpen, Obermühle 21 / www.kolping.de / Anmeldung Tel.: 02237/3728

4 St. Laurentius, Merzenich / zu besichtigen nach tel. Absprache mit dem Pfarrbüro: 02421/33770

4 Heimatmuseum Merzenich / Bergstr. 1 / gemeinde.merzenich.de / So 11 - 17 Uhr, außer in den Sommerferien und nach tel. Absprache: 02421/33577

Etappe 6: Düren – Schevenhütte

Touristeninformation:
Langerwehe: Schönthaler Str. 4 / 52379 Langerwehe / Tel.: 02423/409132 www.langerwehe.de · ***Stolberg:*** Rathausstr. 11-13 / 52222 Stolberg / Tel.: 02402/ 13-499 u. -285 / www.stolberg-rhld.de

Unterkünfte in Langenwehe und Schevenhütte:
Cafe Gast / Hauptstr. 90 / 52379 Langerwehe / Tel.: 02423/4157 ·Hotel Schützenhof / Schönthaler Str. 27 / 52379 Langerwehe / Tel.: 02423/2982 · Gaststätte/Hotel Zum Schönenthal / Hauptstr. 149 / 52379 Langerwehe / Tel.: 02423/2210 · Hotel Wehebacher Hof / Nideggener Str. 50 / 52224 Stolberg-Schevenhütte / Tel.: 02409/599 · Hromadka-Haus / Apfelhofstr. 9 / 52224 Stolberg-Zweifall / Tel.: 02402/72027 (Pilgerherberge)

Hinweise / Öffnungszeiten zu Besonderheiten:

Töpfereimuseum, Langerwehe, Pastoratsweg 1 / Mo-Fr 10-13 und 14-18, So 11-18 Uhr Gruppenführungen auch Samstag nach tel. Absprache: 02423/4446

4 Laufenburg (Gaststätte), Langerwehe / Tel. 02423/2252 / 8-19 Uhr

5 St. Katharina/Kloster Wenau, Langerwehe / Führungen jeden 2. Sonntag im Monat von 14-16 Uhr nach tel. Absprache: 02423/2221

Etappe 7: Schevenhütte – Aachen

Touristeninformation:

Aachen: Elisenbrunnen / Friedrich-Wilhelm-Platz / 52062 Aachen / Tel.: 0241 / 1802960 / www.aachen.tourist.de · ***Aachen-Burtscheid:*** Burtscheider Markt / 52066 Aachen / Tel.: 0241/ 6088057 / Mo-Fr 9.30-20 Uhr / Sa 9.30-14.30 Uhr

Herbergen in Kornelimünster und Aachen:

Benektinerabtei Kornelimünster / Oberforstbacher Str. 71 / 52076 Aachen / Tel.: 02408/ 3055 (Pilgerherberge) · Kloster der Schwestern der Heiligen Elisabeth / Preusweg 2 / 52074 Aachen / Tel.: 0241/73041 (Pilgerherberge) · August-Pieper-Haus / Leonardstr. 18-20 / 52064 Aachen / Tel.: 0241/ 47996-0 (Pilgerherberge) · Jugendwerk für internationale Zusammenarbeit – Friedrich-Spee-Haus – Lothringer Str. 69 / 52070 Aachen Tel.: 0241/509047 (Pilgerherberge) · Euregionales Jugendgästehaus / Maria-Theresia-Allee 260 / 52074 Aachen / Tel.: 0241/711010

Hinweise / Öffnungszeiten zu Besonderheiten:

1 Informationszentrum Schlangenberg, Breinigerberg / www.eifel-heimatverein-breinig.de / So 14-17 und nach tel. Absprache: 02402/30193

6 St. Michael, Aachen-Burtscheid / 9-12 und 15-17 Uhr

5 St. Johann-Baptist, Aachen-Burtscheid / 9-13 und 15-19.30 Uhr; Kirchenschatz 1. Dienstag des Monats um 16 Uhr oder nach tel. Absprache: 0241/67410

Museum Burg Frankenberg / Bismarckstraße 68 / 52066 Aachen / Tel.: 0241/ 432/4410 / Di-Fr 10-17 / Sa, So 10-13 Uhr

8 Hohe Domkirche, Aachen, Münsterplatz / www.aachendom.de / Mo-Fr 11-19, Sa/So 12.30-19 Uhr / Zugang zum Chor und Empore mit Karlsthron nur mit Führung! / Führungen für Einzelgäste: Mo 11 und 12 Uhr / Di-Fr 11 bis 17.30 nahezu stündlich / Sa, So stündlich von 12.30 bis 17.30 Uhr, Gruppenführungen nach tel. Absprache: 0241/ 47709127

8 Domschatzkammer, Aachen, Klostergasse / www.aachendom.de / Mo 10-13, Di und Mi 10- 18, Do 10-21, Fr-So 10-18 Uhr / Gruppenführungen nach tel. Absprache: 0241/47709127 / Kombinierte Führungen Dom/Schatzkammer möglich

Etappe 8:
Aachen – Moresnet, Thimister-Clermont (Belgien)

Touristeninformation:

Féderation de Tourisme de la Province de Liège : 77, Boulevard de al Sauvenière B-4000 Liège / Tel.: 0032/4/2326510

Unterkünfte und Pilgerherbergen in Moresnet-Chapelle und Clermont:

Franziskanerkloster Moresnet-Chapelle / Franckstr. 1 / B-4850 Moresnet / Tel.: 0032/ 87/786158 (Pilgerherberge) · Mr Meertens /rue de Bruyères 9, B-4890 Clermont / Tel.: 0032/ 87/ 687046 · Villa les Floralies, Mr Archembeau / rue de l'Egalité 8, B-4890 Thimister / Tel.: 0032/ 87/446565 · Mr Moyse / Margensault 59, B-4890 Thimister / Tel.: 0032/87/446252

Hinweise / Öffnungszeiten zu Besonderheiten:

1 St. Jakob, Aachen, Jakobsplatz / Besichtigung der Kirche und des Jakobsschatzes / Tel.: 0241/68303

Bildnachweis

Ackermann, Alfons, Remscheid: S. 40, 50 u., Titelseite hinten

Bausch, Joachim, Aachen: S. 168

Böhne, Thomas, Köln: S. 23, 33

Binding, Günther, Hrsg. Das ehem. romanische Zisterzienserkloster Altenberg, Köln, 1975, S. 61

Dombauarchiv Köln, Matz und Schenk, S. 68, 79, 80, 81, 130

Domkapitel Aachen (Copyright) Foto Ann Münchow: S. 163

Flinspach, Karlheinz, Köln: S. 22, 25 – 32, 34, 38, 39, 42, 46, 47, 49 – 52, 56 – 60, 62, 66, 67, 71, 75 – 78, 84 – 86, 88, 90, 95, 101, 104, 106 – 108 o., 113 u., 114 – 117 o.r., 124 o.l., 125 – 129 u., 134, 136, 139, 140, 142, 144, 150 – 151, 152 o, 152 u.l., 153 o., 164, 169, Titelseite vorne

Heusch-Altenstein, Annette, Köln: S. 9, 10, 11, 14, 15, 17 – 21, 70, 87, 94, 100, 102, 103 u., 105, 108 u., 112, 113 o., 117 u., 118, 122, 129 o., 138, 141, 152 u.r., 153 u., 157 – 159, 160, 162, 166 u., 170

Glaser, Alexander, Leverkusen: S. 64

George, Ingrid, Köln : S. 57 o.l.

George, Werner, Köln: S. 57 o.r.

Papke, Heinz, Langerwehe: S. 120

Reimers, Carsten, Wuppertal: S. 41, 103 o.

Rheinisch-Berg. Heimatkalender, 1988, Heider Verlag, Bergisch Gladbach: S. 24

Rheinisches Bildarchiv, Köln: S. 16, 82, 93

Wolff, Erika, Büsdorf: S. 96